얼 나이팅게일
위대한 성공의 도구

얼 나이팅게일
위대한 성공의 도구

당신의 인생을 바꿔줄 관계와 대화의 기술

얼 나이팅게일 지음 | 김현정 옮김

더퀘스트

서문

타성에서 벗어난 사람들은 단조로운 삶에서 돌파구를 찾고 참신한 영감과 동기를 얻는 데 창의력이 중요하다고 말한다. 남다른 연설 능력을 인정받아 뛰어난 연설가에게 주어지는 상인 '황금 의사봉 상 Golden Gavel Award'을 수상한 라디오 진행자이자 성공 원칙 전문가인 얼 나이팅게일에게 창의력은 그의 장점인 건강한 관계, 눈부신 리더십, 성공적인 비즈니스, 감동적인 대중 연설을 가능케 하는 '비법'이었다. 꾸준한 독서와 공부로 세계관을 끝없이 확장시키고, 열린 마음으로 모든 것을 대했던 나이팅게일은 문제 해결, 의사 결정, 목표 달성을 창의적인 사고의 필수 요건으로 여겼다. 하지만 이 모든 필수 요건 중에서도 가장 중요한 요건은 바로 태도다.

　나이팅게일은 이렇게 이야기한다. "판에 박힌 일상과 지루함, 타성에 빠져들지 않으려면 어떻게 해야 할까? 이 세상에 개선되지 못할 것은 없으며 발전은 인간의 의무라는 사실을 기억해야 한다. 당신은 어떤 사람인가? 일상생활을 대하는 태도는 어떠한가?" 나이팅게일의 방송은 개인이 목표와 성과를 이뤄내기 위해서 일과 인간관계를 대하는 태도가 얼마나 중요한지 강조한다. 그는 타인을 위해 봉사하고 일의 의미를 찾는 데서 기쁨이 온다고 거듭 강조한다. 나이팅게일은 하나의 단순한 성공 공식을 설명한다. "당신이 일하는 방식에 당신이 도와준 사람의 수를 곱한 것이 바로 당신이 얻게 될 보상이다."

이 책에서 나이팅게일은 독자들에게 각각 '보상reward'과 '기여contribution'라는 글자가 적힌 그릇을 상상해보라고 한다. 나이팅게일은 사람들이 자신에게 돌아올 '보상' 그릇에 좀 더 많은 것을 담는 데 혈안이 돼 있지만 그러다 보면 부나 행복에 다다를 수 없다고 지적한다. '기여' 그릇에 집중하면 "삶의 원칙과 기본적인 경제 원칙에 따라 자연스럽게 보상이 뒤따른다."

그렇다면 어떻게 가족, 지역 사회, 전 세계에 기여할 수 있을까? 상상력이라는 중요한 힘을 발휘해 탄탄한 관계를 구축하고, 리더를 양성하고, 긍정적이고 지속 가능한 변화를 만들어내면 된다. 이 같은 사실을 염두에 두고 이 책에 소개된 방법과 태도를 꾸준히 연습하면 좀 더 창의적이고 보람 있는 삶을 살 수 있다.

이 책은 나이팅게일이 공동 설립한 세계적인 자기계발 연구기관이자 전문 출판사인 나이팅게일-코넌트 코퍼레이션Nightingale-Conant Corporation이 1993년에 출판한 100건이 넘는 나이팅게일의 오디오 원본 원고 모음집인《성공의 정수The Essence of Success》를 각색한 것이다. 뒤이어 나올 윌리엄 클레멘트 스톤William Clement Stone의 서문은《성공의 정수》에 실린 기존의 서문을 일부 발췌한 것이다. 스톤의 말에 따르면 이 원고들은 "이 시대의 가장 위대한 연사이자 작가 중 한 사람인 나이팅게일의 책을 위해 많은 분들이 제공한 진귀한 녹음테이프와 원고, 개인 소장품과 나이팅게일-코넌트 코퍼레이션의 기록 보관소에서 발췌했다."

스톤은 계속 설명한다. "나이팅게일의 동료이자 나이팅게일-코넌트 코퍼레이션이《성공의 정수》의 내레이션을 맡긴 스티븐 D. 킹Stephen D. King은 이 프로젝트가 40년 넘게 열심히 일했던 방송계 거물을 기리기 위한 단순하고 진심 어린 추모에서 시작됐다고 회상한다. 킹은 '나이팅게일의 친구들과 동료들은 40년 넘게 그가 남긴 자료를 모으기 시작했다. 그의 목소리가 담긴 테이프를 정리하고, 초창기 방송 원고를 찾아내고, 미공개 목소리가 녹음된 몇 시간짜리 인터뷰가 담긴 테이프를 뒤졌다. 머지않아 이 프로젝트 자체가 생명력을 갖게 되었다. 모이는 자료가 늘어날수록 사람들은 더 많은 자료를 모으고 싶어 했다. 오랫동안 라디오 방송업계에서 일하던 사람들이 이 프로젝트에 대해 전해 듣고서 희귀본 테이프와 원고를 전해줬다.'라고 말했다. 이렇게 모인 자료는 단순한 추모를 훨씬 뛰어넘어선 멋진 작품이 됐다."

《성공의 정수》에 담긴 창의적인 비전과 의사소통에 관한 메시지를 편집해 이 책에 담았다. 그 내용들이 독자 여러분의 삶을 송두리째 바꿔놓을 것이다. 이 책에 소개된 내용은 창의적인 사고 전략을 개선할 뿐 아니라 의사소통 능력을 강화하는 데도 도움이 될 것이다. 좀 더 화술에 능한 사람(사실, 좀 더 잘 경청하는 사람)이 되는 방법부터 의견 차이에 효과적으로 대응하고, 설득하는 기술을 완벽하게 다듬고, 글을 잘 쓰는 데 도움이 되는 습관을 키우고, 자신감을 불어넣고, 청중을 사로잡는 연설문을 쓰고, 능숙하게 연설하기까지 다양한 소통 원칙을 배우게 될 것이다.

꿈을 실현하고 재능을 활용해 이 세상을 좀 더 나은 곳으로 만드는 능력은 바로 당신의 내면에 달렸다. 이 책은 이런 목표를 달성하는 데 필요한 브레인스토밍, 문제 해결, 소통 기술을 발전시킬 방법을 알려줄 것이다.

추천 서문

"다른 초에 불을 나눠준다고 해서 초의 불빛이 약해지지는 않는다."

—

얼 나이팅게일

처음 나이팅게일을 만난 것은 40여 년 전이었다. 당시 나는 베스트셀러 《놓치고 싶지 않은 나의 꿈 나의 인생》을 쓴 나폴레온 힐Napoleon Hill 박사와 10년째 우정을 쌓으며 그가 책에서 처음 공개한 명확한 성공 법칙을 따르면 누구나 성공할 수 있다는 메시지를 전 세계에 전파하고 있었다. 그 무렵, 나이팅게일은 시카고 방송 채널 WGN에서 라디오 프로그램을 진행 중이었다.

힐 박사와 함께 그의 신간 《놓치고 싶지 않은 나의 꿈 나의 인생 3》을 홍보할 방법을 논의하던 중 나이팅게일이 우리를 찾아왔다. "박사님의 책이 제 인생을 완전히 바꿔놓았습니다. 그 책을 읽기 전에도 이미 책에 적힌 성공 법칙을 모두 알고 있었던 것 같습니다. 하지만 박사님의 책에는 그 모든 법칙이 좀 더 분명하게 기록돼 있었고, 덕분에 명확하게 이해할 수 있었죠. 그래서 그 법칙을 활용해보기로 했습니다. 좀 더 구체적으로 말씀드리면 단 2주 만에 소득을 2배로 만들겠다고 마음먹었습니다. 종이를 한 장 꺼내 구체적인 목표를 적었더니 정말로 2주 만에 소득이 2배 늘어났습니다. 우연일지도 모른다는 생각이 들었습니다. 그래서 소득을 다시 2배 늘리기로 마음먹고 구체적인 날짜를 정했습니다. 정해진 날짜보다 빨리 이 목표를 달성한 후 혼잣말을 했습니다. '이건 우연이 아니야. 이게 바로 성공 공식이야.'"

나이팅게일은 힐을 쳐다보며 말을 이어나갔다. "이 책을 출판해주어 얼마나 감사한지 모르실 겁니다. 제 마음을 표현하고 싶습니다. 어떻게든 도와드리고 싶습니다."

나이팅게일은 예상치도 못한 놀라운 제안을 했다. 단 한 푼의 비용도 받지 않고 《놓치고 싶지 않은 나의 꿈 나의 인생 3》을 홍보해주겠다고 약속했던 것이다. 우리는 나이팅게일의 진심을 믿어보기로 했다. 물론 그는 홍보자 역할을 훌륭하게 수행했고 책 판매량은 대폭 늘어났다.

그 주가 채 끝나기 전에 나이팅게일에게 전화를 걸어 감사를 표한 후 이렇게 이야기했다. "공짜를 바라지 않습니다. 우리 책을 방송해주시는 두 번째 주부터는 기존의 홍보 비용을 지불하겠습니다." 나이팅게일의 홍보 활동은 다른 모든 광고·홍보 매체보다 더 효과적이었다.

막역한 사이가 된 우리 세 사람은 자주 모여서 성공의 법칙을 인생에 적용할 수 있도록 돕는 방법에 관해 이야기를 나눴다. 고귀한 목표, 개인적인 목표를 달성하도록 돕는 데 전념하는 이 뛰어난 사람들과 함께 일한 것은 내 인생에서 가장 멋진 경험 중 하나였다. 셋이 모여 회의를 하다가 나는 나이팅게일에게 그의 생각을 널리 퍼뜨리면 이전보다 훨씬 많은 사람의 삶이 긍정적으로 변하지 않겠느냐고 제안했다.

나이팅게일은 개인적인 목표를 달성하기 위해 엄청난 노력을 쏟아부었던 것과 마찬가지로 자신의 생각을 널리 퍼뜨리기 위해 부단히 애썼다. 로이드 코넌트^{Lloyd Conant}와 손을 잡고 나이팅게일 - 코넌트 코퍼레이션을 설립해 많은 사람에게 동기를 부여하는 내용을 녹음하고 전 세계 청취자를 위해 특별 강좌를 진행했다. 이곳은 말 그대로 동기 부여 프로그램 개발, 제작, 계획, 마케팅을 선도한 기업이다.

나이팅게일 - 코넌트 코퍼레이션은 근본적인 성공 법칙을 기반으로 세워졌다. 나는 두 사람의 협업을 선각자 동맹^{Mastermind Alliance}이라고 불렀다. 두 사람은 완벽히 조화롭게 공통의 목적을 향해 나아갔다. 두 사람은 서로를 보완할 줄 알았다. 코넌트는 비즈니스와 마케팅 분야에서 뛰어난 인물이었고 나이팅게일은 회사의 대변인이었다. 코넌트는 운영을 맡았고 나이팅게일은 이사회를 이끌었다. 두 사람의 협력 덕에 회사는 대성공을 거뒀다.

두 사람에게는 어디에서나 활용 가능한 최고의 자기 계발 자료를 내놓겠다는 목표가 있었다. 이제 나이팅게일과 코넌트 모두 세상을 떠났다. 하지만 두 사람의 이름을 딴 나이팅게일 - 코넌트 코퍼레이션은 확고한 원칙과 가치관, 윤리를 기반으로 설립됐으며 두 설립자가 세상을 떠난 지금까지도 건재하다. 그뿐 아니라, 이 조직은 사람들에게 동기를 부여하는 녹음 자료의 기준을 정립했으며 이런 부류의 뛰어난 녹음 자료와 동의어가 됐다.

나이팅게일은 여러모로 '강 같은 사람^{river person}'이었다. '강 같은 사람'이란 나이팅게일이 다른 위대한 인물을 설명하기 위해 종종 사용했던 표현이다. 나이팅게일은 일찌감치 삶의 목적을 깨닫는 사람들에게 이런 별명을 붙였다. "강 같은 사람들은 가장 흥미진진한 관심사라는 거대한 강 속에서 생을 영위하도록 태어났다. 이들은 그 강 속으로 완전히 뛰어든다." 그는 볼프강 아마데우스 모차르트^{Wolfgang Amadeus Mozart}와 레오나르도 다빈치^{Leonardo da Vinci}를 대표적으로 꼽았다.

나이팅게일을 높은 곳까지 밀어 올린 강, 즉 그의 운명은 남다른 방식으로 수백만 명의 청취자에게 성공의 법칙을 전달하는 것이었다. 특유의 통찰력 있는 영감을 들려주는 그의 독특하고 걸걸한 목소리나 현명한 글귀를 접한 적이 있는 사람이라면 나이팅게일을 잊지 못할 것이다. 그의 심오한 생각은 수많은 사람을 감동시키고 그들의 인생을 바꿔놓았다.

나이팅게일은 우리 모두가 강 같은 사람으로 태어난 것은 아니라고 한다. 자신만의 강, 즉 자신만의 구체적이고 개별적인 인생의 목적을 찾는 데 좀 더 시간이 걸리는 사람도 있다. 나이팅게일은 "중요한 곳에서 발굴 작업을 하는 고생물학자 같은 인내심과 근면함으로" 어떻게든 우리 내면에 있는 것을 찾아내야 한다고 적었다.

이 책의 이야기는 자신만의 강을 찾기 위해 노력하는 과정에서 당신이 자신을 좀 더 잘 이해할 수 있도록 도와주는 열쇠가 될 것이다. 사람들에게 영감을 불어넣는 성공 메시지를 전달해야 한다는 사명이 나이팅게일을 글쓰기와 녹음, 코넌트와의 협력을 통해 자기 생각을 널리 퍼뜨리는 길로 이끌었듯이, 인생의 목적을 달성하는 순간이 되면 당신도 그 목적을 찾았다는 사실을 깨닫게 될 것이다. 당신의 강은 인생의 불타는 욕망이 될 테고 에너지와 열정으로 당신을 채울 것이다.

얼 나이팅게일이라는 초는 한동안 깜빡거린 끝에 1989년 3월 25일에 영원히 꺼졌다. 하지만 그가 남긴 빛은 계속해서 다른 사람들의 초를 밝히고 있다. 나이팅게일이 남긴 유산은 희망의 불빛이다. 그의 글과 녹음은 오늘날까지도 맨 처음 모습을 드러냈을 때만큼 밝게 빛난다. 그의 유산을 읽고 즐기고, 당신의 인생을 밝히는 것은 모두 여러분의 몫이다.

— 윌리엄 클레멘트 스톤

목차

CHAPTER 1

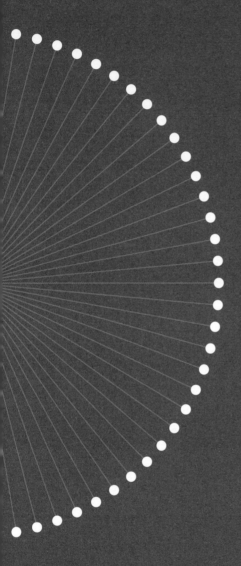

관계의 미학

마법 구슬

얼마 전에 노스캐롤라이나 파고에 머물던 중 우연히 고향이 신시내티인 옛 친구 프레드 스미스^Fred Smith를 만났다. 스미스는 대화할 때마다 항상 손에 구슬을 쥐고 있는 한 친구에 관한 재미있는 이야기를 들려줬다. 스미스는 대화 내내 주머니에 있던 구슬을 손에 쥐고 있는 친구에게 그 이유를 물었다. 마치 허먼 워욱^Herman Wouk의 소설《케인호의 반란^The Caine Mutiny》에 등장하는 퀵 선장^Captain Queeg이 쇠구슬을 손에 쥐고 있는 모습이 떠오른다고도 말했다.

스미스의 친구는 웃으며 이야기했다. "이건 내 마법 구슬이라네. 몇 해 전에 사람들과 교류하는 데 문제가 좀 있었어. 아는 사람은 많았지만 친구라 할 만한 이는 거의 없었지. 어느 날 몇 안 되는 친구

중 하나와 대화하고 있었는데, 대화에 통 집중하지 못하더군. 내가 말을 하고 있는데도 그 친구는 창문 밖을 쳐다보고 있었지. 그 친구의 생각은 이미 우리 대화에서 한참 멀어져 보였어. 친구와 헤어진 후 그 상황에 대해서 생각하다가 매우 창피한 사실을 깨달았네. 내가 계속 내 얘기만 늘어놓고 있었더군. 그뿐 아니라 지금껏 항상 나 자신에 관한 이야기만 했다는 사실도 깨달았어. 그간의 대화는 내가 하는 일이나 내 생각을 마구 떠드는 기회에 불과했던 거야. 다른 사람들이 말하고 있을 때도 나는 그 이야기에 대해서 별다른 생각을 하지 않았어. 그저 내 차례에 할 이야기를 생각하는 데 급급했지. 그러다가 퍼뜩 나한테 친구가 없는 이유를 알아냈네. 내가 그들의 친구가 돼주지 못했던 거지. 나는 다른 사람들에게 어떤 일이 일어나는지, 그들이 어떤 생각을 하는지 관심이 없었어. 그래서 달라지기로 마음먹었어. 다른 사람에게 관심을 갖고, 남의 말에 귀를 기울이고, 상대방과 그의 생각을 중심으로 대화를 진행하겠다고. 하지만 오랜 습관을 바꾸기는 쉽지 않았네. 그래서 잡화점에 들러 이 구슬을 샀지. 나는 이 구슬을 '중요성'이라고 부른다네. 이 구슬이 항상 다른 사람을 향하도록 만들어주거든.

누군가가 내게 말을 걸면 나는 항상 구슬을 쥔 손을 상대 쪽에 두지. 그러사 나른 사람들에게 신심으로 관심이 생겨나더군. 이 구슬은 내 생각에 매몰되지 않는 법도 알려줬어. 그 후로는 인간관계 때문에 문제를 겪은 적이 없어. 이 작은 구슬 덕에 금세 수백 명의 친구가 생겼다네."

마법 구슬에 관한 이야기를 듣고 난 후 나의 대화법에 대해 오랫동안 냉정하게 생각했다. 그동안 다른 사람에게 대화의 주도권을 넘겨왔는지 아니면 오직 내 관심사에 관해서만 이야기하려 들었는지 자문했다. 내 태도가 어떤지 확신이 들지 않아서 이후에는 대화할 때 태도에 좀 더 신경을 썼다.

여기서 기억해야 할 점이 하나 있다. 다른 사람들 역시 타인보다 자기 자신에게 훨씬 관심이 많다는 것이다. 당신에 관한 이야기로는 그 무엇도 얻을 수 없지만 다른 사람의 말과 행동에 관심을 보이면 많은 것을 얻을 수 있다. 상대가 당신에게 매우 중요한 사람이라는 분위기를 풍겨야 한다. 이런 인상을 받은 상대의 마음에는 즉각 우정이 생겨난다. 이 방법은 매번 기적같이 성공한다.

자신에게 같은 질문을 던져보자. 당신은 어떤 사람인가? 상대의 이야기에 흥미를 느끼는 편인가? 그렇지 않으면 불쑥 끼어들어서 대화를 독점할 기회를 노리는가?

스미스의 친구처럼 작은 마법 구슬을 하나씩 사서 간직하자. 대화할 때마다 손에 그 구슬을 쥐고 있으면 우리도 대화를 잘할 수 있을 것이다. 구슬의 이름은 '중요성'이고 구슬의 역할은 인간관계를 풍요롭게 만드는 것이라는 사실을 기억하자.

보살핌에 대하여

스터즈 터클^{Studs Terkel}의 작품 《일》에는 젊은 철강 노동자의 이야기가 수록되어 있다. 철강 노동자는 자신의 일을 싫어한다. 그는 늘 피로와 타박상, 각종 화상에 시달린다. 하지만 아이들 때문에 기꺼이 모든 것을 참는다. 아직은 어린 아이들이 조금 더 자랐을 때 좋은 교육을 받아 자신처럼 힘들게 살지 않기를 바란다. 철강 노동자는 이렇게 이야기한다. "이게 바로 제가 일하는 이유입니다. 셔츠와 넥타이를 멋지게 차려입은 젊은 남자가 옆을 지나갈 때마다 언젠가 그런 옷을 입고 일하게 될 제 아이를 생각합니다. 그게 전부입니다." 그 젊은 철강 노동자는 자녀가 자신과 같은 실수를 하거나 현재 자신을 옭아매는 덫에 빠지지 않고 좀 더 나은 삶을 살도록 돕겠다는 일념 하나로 지루한 세월을 버티며 자신의 일을 견뎌낼 것이다.

밀턴 마이어오프Milton Mayeroff가 쓴 《보살핌에 대하여On Caring》에는 이런 내용이 있다. "인간은 자신이 있어야 할 곳을 찾아야만 자신을 찾을 수 있고, 자신의 돌봄을 필요로 하고 자신이 돌봐야 할 대상이 있어야만 자신의 자리를 안다. 우리는 누군가를 돌보고 보살핌을 받음으로써 자연의 일부인 우리 존재를 경험한다. 우리는 다른 사람이나 다른 아이디어의 발전을 도울 때 그 사람 혹은 그 아이디어에 가장 가까워진다." 아름다운 말이다.

또 마이어오프는 이렇게 이야기한다. "'누군가가 집에 있다'는 말은 곧 누군가를 돌보고 보살핌을 받는다는 의미다."

이것이 바로 많은 사람이 한 줄기 빛도 보이지 않는 어두운 상황 속에서도, 특별히 좋아하지도 않는 일임에도 그것을 계속할 수 있는 이유다. 돌볼 사람, 즉 희망을 품고, 계획을 세우고, 꿈을 꿀 누군가가 있기 때문이다. 우리는 "(우리의) 돌봄을 필요로 하고 (우리가) 돌봐야 할 적당한 대상이 있어야만" 있을 자리가 생긴다. "우리는 누군가를 돌보고 돌봄을 받음으로써 자연의 일부인 우리 존재를 경험한다. 우리는 다른 사람이나 다른 아이디어의 발전을 도울 때 그 사람 혹은 그 아이디어에 가장 가까워진다." 사람과 아이디어는 삶에 많은 의미를 부여한다. 둘 중 하나가 부족하면 아쉬운 대로 나머지 하나를 활용할 수 있다. 두 가지 모두 있으면 가장 운이 좋다. 하지만 사람도 아이디어도 없다면 삶의 이유를 잃고 소외되며 우울해진다.

수많은 부모는 자녀에게 적절한 의식주와 교육의 기회를 제공하기 위해 지치고 힘들며 때로는 좌절감을 맛보는 일을 하면서 많은 시간을 보낸다. 앞서 언급했던 철강 노동자처럼 자녀의 행복이 부모의 마음과 일상을 채워주기 때문에 부모들은 잠자리에서 일어나기 힘들 정도로 아파도 기어이 일터로 나갈 수 있다.

저녁에 서둘러 집으로 향하는 사람들은 자신의 삶에 의미를 주는 곳으로 돌아가는 셈이다. 자신이 돌볼 무언가, 자신을 돌봐줄 누군가가 있는 곳이 바로 집이다. 다들 말하지 않고 또 가끔 그 의미를 잊어버리고 살긴 하지만 바로 이런 이유로 우리는 집으로 돌아간다. 또한 이것이 우리가 매주, 매년 열심히 일하는 이유다. 자신의 돌봄을 필요로 하고 자신이 돌봐야 할 것들을 위해 오늘도 열심히 일하는 것이다.

우정과 이타심

영국 소설가 로버트 루이스 스티븐슨Robert Louis Stevenson은 "행복해야 할 의무만큼 우리가 과소평가하는 의무는 없다"라고 말했다. 이에 대해 생각해본 적이 있는가? 이 문장에는 많은 진실이 담겨 있다. 사람들은 자신의 일, 아내, 남편, 자녀, 직장 상사, 날씨, 정치인, 정부 등을 저주하며 살아간다. 스스로 행복하다고 느끼지 못해 술에 취해버리거나, 바꿔야 마땅한데도 그에 대해 깡그리 잊는 사람이 너무도 많다. 하지만 우리 삶은 대개 생각보다 더 운이 좋고 축하할 것으로 가득하다.

다만 삶을 혼자 이끌어나간다면 행복이나 기쁨, 충만한 축하를 상상하기 어렵다. 그래서 우리에게는 친구가 필요하다. 그 어디에도 친구가 없는 사람이 느낄 외로움을 상상하면 끔찍하기 짝이 없다. 이들이 겪을 곤경은 엄청날 것이다. 사람들은 보통 시간이 흐를수록 친구 수가 점점 줄어들기 때문에 50세가 되면 자신의 주변을 돌아보고 이전보다 좀 더 많은 관심을 기울일 필요가 있다.

아리스토텔레스Aristoteles는 우정에 세 종류가 있다고 이야기했다. 첫 번째는 효용을 바탕으로 하는 우정이다. 일례로 비즈니스를 함께하는 사람 간의 우정을 꼽을 수 있다. 두 번째는 쾌락 추구에 뿌리를 둔 우정이다. 재미있고 영리한 사람들 간의 우정이 이에 해당한다. 세 번째 유형이 최고의 우정으로, 상대와 함께하는 것, 상대의 행복 외에는 그 무엇도 추구하지 않는 우정이다. 일반적으로는 세 우정에 모두 동일한 가치를 두지만 시인은 아리스토텔레스가 이야기하는 세 번째 유형의 우정, 즉 최고의 우정에 대해서만 노래한다.

세 번째 유형의 우정을 위해서는 이타심이 중요하다. 내 친구에게 유익한 것이 내게도 유익하고, 내게 유익한 것이 내 친구에게도 유익한 것이다. 친구끼리 재산을 공유한다는 개념이 아니라(친구 사이에서는 재산을 공유하지 않는다) 진정한 친구라면 상대방의 행운을 기쁘게 받아들이기 때문이다.

관계가 깊은 친구라면 서로에게 호의를 베풀기도 한다. 하지만 크건 작건 이런 호의는 부수적일 뿐 우정이 깊어지는 데 반드시 필요한 조건이 아니다. 친구는 자아의 연장선이다. 이 같은 사실을 깨닫는다면 세상이 훨씬 아름답게 느껴질 것이다. 친구와 시간을 보내는 것, 친구의 존재만으로도 이 세상이 살아가기에 좀 더 따뜻하고 안전하다고 느낄 것이다.

미국의 시인 월트 휘트먼Walt Whitman은 단 두 문장으로 우정의 묘미를 잘 나타냈다. "이방인이여, 그대가 길을 걷다가 나를 만나고 말을 걸고 싶은 마음이 생겼다면 왜 말을 걸지 않는가? 내가 그대에게 말을 걸지 말아야 할 이유가 있는가?"

우정과 변화

최고의 친구는 나와 생각이 같고, 같은 것을 믿고, 정신적으로나 감정적

으로나 함께 성숙해질 수 있도록 끝없이 서로를 자극하는 사람이다.

미국 언론인 허버트 바야드 스워프^{Herbert Bayard Swope}는 감사 만찬회에서 이와 같이 이야기했다. "성공 공식을 말씀드릴 수는 없지만 실패 공식은 알려드릴 수 있습니다. 바로 모든 사람을 기쁘게 하려고 애쓰는 것입니다."

대부분의 사람이 흔히 저지르는 실수 중 하나가 모든 친구와 평생 우정을 유지해야 한다고 믿는 것이다. 이것은 불가능한 일일 뿐 아니라 그래서도 안 된다.

미국의 문필가 헨리 루이스 멘켄Henry Louis Mencken은 이렇게 이야기했다. "가장 감상적인 인간의 망상 중 하나는 우정이 평생 지속된다고 믿는 것이다. 사실 정신적으로 회복력이 뛰어난 사람은 연인 관계나 정치적 견해가 달라지듯 우정 또한 변한다는 사실을 안다. 어느 순간 새로울 게 없어지고 모든 행동과 태도가 위선이 된다는 것이다."

멘켄은 늘 그렇듯 직설적으로 자신의 생각을 표출했다. 하지만 이번에도 그의 말은 옳았다.

우정이 평생 간다고 믿는 것은 첫사랑이나 첫눈에 반한 사람과 무조건 결혼해야 한다든지 같이 학교에 다녔던 친구들과 평생 친하게 지내야 한다는 뜻과 같다.

멘켄이 이렇게 말을 이어나갔다. "인생이 짧다는 사실을 기억하는 신중한 사람은 때때로 자신의 우정을 비판적으로 돌아본다. 한때 친구였던 사람 중 몇몇과는 계속 우정을 유지하지만 대다수와는 멀어진다는 사실을 안다."

영국의 극작가 조지 버나드 쇼George Bernard Shaw는 같은 문제에 대해 이렇게 이야기했다. "분별 있게 행동하는 사람은 제 옷을 만들어주는 재단사밖에 없다. 그는 매번 내 치수를 잰다. 하지만 다른 사람들은 예전에 쟀던 치수대로 옷을 만들고서는 그 옷이 몸에 딱 맞기를 바란다."

삶은 곧 변화를 의미한다. 변화란 새로운 우정을 만들고 더는 자신과 어울리지 않는 우정에서 손을 떼는 것이다. 모두가 똑같은 속도로 어른이 되지는 않는다. 남보다 좀 더 빨리 앞서 나가는 사람도 있다.

오래된 우정을 모두 그대로 유지하려 드는 것은 터무니없다.

옛 친구에게서 마음이 멀어지고 새로운 친구를 사귀는 것은 지극히 자연스러운 일이다. 그러나 어떤 사람들은 예전에 우정을 나눴던 친구와 멀어지는 것에 죄책감을 느끼기도 한다. 이들은 옛 우정으로부터 마음이 멀어지는 자신이 속물처럼 변했다거나 지나치게 까다로워진 것은 아닌지 자책한다.

우리는 나이가 들수록 좀 더 단단하고 오래가는 우정을 나눌 수 있다. 어릴 때는 생각이 자주 바뀌고 이동이 많기 때문이다. 가장 오래가는 최고의 친구는 생각이 같고, 같은 것을 믿고, 정신적으로나 감정적으로나 함께 성숙해질 수 있도록 끝없이 서로를 자극하는 사람이다. 저녁 식사를 하면서, 밤이 깊도록 수많은 좋은 대화를 나눌 수 있는 친구 말이다.

우정에 관한 멘켄의 말을 다시 언급한다. "인생이 짧다는 사실을 기억하는 신중한 사람은 때때로 자신의 우정을 비판적으로 돌아본다. 한때 친구였던 사람 중 몇몇과는 계속 우정을 유지하지만 대다수와는 멀어진다는 사실을 안다."

내가 최근에 애기한 적 있던가?

아서 골든^{Arthur Gordon}의 《경이로운 손길^{A Touch of Wonder}》을 선물받았다. 골든은 〈보살핌이라는 선물^{The Gift of Caring}〉이라는 장에서 자신의 가족이 150년 된 집의 다락을 뒤진 이야기를 들려줬다. 다락방은 수 세기 동안 쌓여온 잡동사니로 가득했다. 그중에서도 골든은 "트렁크가 가득 찰 만큼 많은 양의 편지 속에서 오래된 세월만큼 가치 있는 것을 찾아냈다." 골든은 이렇게 적었다. "대부분의 편지는 빛바랜 잉크로 쓰여 있었고 수십 년 동안 쌓인 먼지로 더러웠다. 우리는 짝이 맞지 않는 구두 징과 난로 안에 집어넣는 장작 받침쇠, 변색된 견장, 찢어진 레이스 조각, 빛바랜 양단 등이 켜켜이 발목까지 쌓여 있고 덧문이 내려져 어두컴컴한 그곳에 서서 한두 단락의 글을 읽었다. 먼 곳에서 시간의 복도를 따라 희미하게 들려오는 목소리에 귀를 기울이는 기분이었다."

다락방에서 찾아낸 편지를 읽던 골든에게 가장 인상 깊었던 것은 제일 민감한 감정까지도 숨김없이 드러낼 것을 요구했던 냉소주의 시절에 편지의 주인들이 글에 녹여낸 솔직한 마음이었다. 골든은 이렇게 적었다. "편지를 쓴 사람들은 서로에 대한 사랑과 존경심을 백 가지 다른 방식으로 표현했다. 누구든 읽어본다면 쉽게 찢어질 법한 얇은 종이에 적힌 그들의 따뜻한 진심을 느낄 수 있을 것이다.

'네가 방문해줘서 우리 모두 얼마나 기쁜지 모른단다! 네가 집을 떠나자 마치 태양 빛이 모두 사라져버린 듯한 기분이 들었단다.' '어려움과 마주한 상황에서 네가 보여주는 용기가 우리 모두에게 영감을 불어넣고 있단다. 우리는 결국 네가 그 모든 어려움을 이겨낼 거라는 걸 조금도 의심하지 않는단다.'"

내게 가장 커다란 인상을 주었을 뿐 아니라 가족끼리 거의 주고받지 않는 말은 바로 이것이었다. '네가 얼마나 멋진 사람인지 내가 최근에 이야기한 적 있던가? 가족과 친구들이 너를 얼마나 사랑하고 높이 평가하는지 잊지 마.'"

또 골든은 이렇게 적어 내려갔다. "이 말이 계속 떠올랐다. '정말 멋진 사람들이군!' 편지를 읽다가 멈춰 서서 생각했다. 물론 여기에 등장하는 인물들 역시 얼마든지 단점과 비판할 거리가 많은 사람이었을 테다. 하지만 가난과 괴로움, 패배, 황열병이라는 끔찍한 전염병 등 그들이 살았던 시대를 떠올리면 이 편지를 쓴 사람들이 우리보다 훨씬 강인했으며 확고한 불굴의 용기로 한층 커다란 시험을 견뎌 냈다는 결론을 내릴 수밖에 없다. 도대체 어디에서 그런 강인한 힘을 얻었을까? 먼지투성이인 내 양손에 그 답이 있다. 그들은 서로를 보듬으며 그런 힘을 얻었다."

그들은 우리와 우리의 아이들이 그런 힘을 얻어 마땅한 곳, 즉 가족들과 친구들에게서 그 강인한 힘을 얻었다.

주변 사람들에게 마지막으로 강인한 힘을 주는 말을 한 것이 언제인가? "네가 얼마나 멋진 사람인지 내가 최근에 이야기한 적 있던가? 가족과 친구들이 너를 얼마나 사랑하고 높이 평가하는지 잊지 마."

집은 구명보트와 같다

조난을 당해서 몇몇의 다른 생존자와 작은 배나 섬에 갇혔다고 상상해보자. 다 함께 무탈하게 잘 지낼 수 있는 시간이 얼마나 될 것 같은가? 사람들이 참을성을 잃고 짜증을 내기까지 얼마나 걸릴 것 같은가?

여러 가지 측면에서 가족은 고립된 소집단과 같다. 가족 구성원은 서로에게서 벗어날 수 없다. 매일 아침, 매일 밤, 매 주말, 가족이라는 이 작은 집단은 서로 마음을 맞춰 오랫동안 친밀한 관계를 유지하며 함께 살아야 한다. 구성원들은 모두 특징들이 다르다. 성격뿐 아니라 취향도 제각각이다. 게다가 가족 구성원 각자에게는 자신만의 관심사와 스스로 중요하다고 여기는 문제가 존재한다. 또한 자신만의 독특한 관점에서 이 세상과 삶을 바라본다.

이것이 바로 행복하고 서로 사랑하는 가족이 25캐럿짜리 다이아몬드보다 귀한 이유다. 원만하고 대개는 행복하게 살아가는 가정이더라도 그 집에 발을 들여놓는 것이 피라냐로 가득한 강물 속에 뛰어드는 것과 다르지 않을 때가 있다. 누군가가 한계에 도달하거나 약간의 도를 넘으면 갑자기 가족 간에 전쟁이 선포된다.

가족이라는 관계는 구명보트나 작은 섬에 갇힌 상태와 다르지 않다. 즉 오랫동안 좁은 곳에 갇혀서 함께 살면 누구나 문제에 봉착할수밖에 없다. 좀 더 많은 사람이 이 사실을 이해하면 가정의 불화가대거 줄어들 것이다.

이런 생각을 받아들일 수 있을 만큼 성숙한 사람이라면 가족 간의문제가 특정한 누군가 때문에 벌어진 일이 아니라는 것을 이해한다.지구상에 존재하는 누구와 살더라도 똑같은 문제가 생길 수밖에 없다는 사실을 기억해야 한다. 누구에게나 단점이 있다. 새로운 배우자를 맞이하거나 자녀를 키우는 것은 일련의 문제를 또 다른 문제로 바꾸는 것과 다르지 않다.

가정은 여러 측면에서 삶과 생존을 위한 방법이기 때문에 가정을구명보트에 비유한 것은 특히 적절하다고 생각한다. 하지만 모든 가정에는 기본적으로 문제가 내재돼 있는 만큼 이토록 위태로운 여정을 행복하고 성공적으로 이어갈 수 있도록 모든 가족 구성원이 끊임없이 의식적으로 노력을 기울여야 한다. 문제의 본질을 이해하면 그누구도 구명보트 밖으로 내동댕이쳐지는 일 없이 무사히 여정을 마무리할 수 있다.

　배에 탄 모든 구성원이 협력하고 모두의 이익을 위해 최선을 다하면 안전한 여정을 즐길 수 있을 것이다.

당신의 가장 위대한 자산

─────── ✦ ───────

자녀나 부모, 배우자에게
가장 마지막으로 화가 난 때는 언제인가?

가족 구성원을 있는 그대로 받아들이기 위해
의식적으로 노력해본 적이 있는가?

다른 사람의 단점을 그의 일부로 인정하려 노력하고
그 역시 인간이라는 사실을 받아들이자.

결혼 생활은 어떤가?

러시아에서 지독한 숙청이 진행됐던 어느 날 저녁, 남편이 더는 집으로 돌아오지 못한 채 시베리아에 있는 강제 노동 수용소로 보내졌다. 그곳에서 10~20년을 보내게 될지 아니면 영원히 벗어나지 못할지 알 수 없었다. 어느 날, 남편은 평소처럼 일터로 나갔고 그것이 아내가 본 그의 마지막 모습이었다. 만약 아내가 기차역에서 우연히 인파에 섞여 다른 죄수들과 함께 가축 운반 칸에 실려가는 남편을 본 것이 아니라면 말이다.

생각만 해도 끔찍하다. 그렇지 않은가? 외로운 순례를 시작하면서 그는 아내에 대해 어떤 생각을 했을까? 아마도 두 사람 모두 상대방의 좋은 점만 떠올렸을 것이다. 두 사람의 마음이 갑작스레 상대방을 향한 가슴 아픈 사랑으로 차올랐을 것이 틀림없다.

두 사람은 상대방에게 얼마든지 해줄 수 있었는데 그러지 못했던 말과 행동을 떠올리며 자책했을지도 모른다(도스토옙스키 Fyodor Mikhailovich Dostoevskii는 이런 인간의 심리와 본질을 꿰뚫는 다양한 작품을 선보였다).

요즘 당신의 결혼 생활은 어떤가? 고요하고 진부하기 짝이 없는 판에 박힌 모습인가? 당신은 결혼 생활과 배우자를 당연하게 받아들이고 있는가? 그렇지 않으면 현명한 극소수의 사람들처럼 관심과 애정에 다시 불을 지필 새롭고 흥미로운 방법, 즉 결혼 생활을 새롭고 흥미롭게 만들 방법을 계속해서 찾고 있는가?

무모한 발언일 수도 있지만 나는 대부분의 결혼은 대다수의 사람만큼 흥미롭다고 생각한다. 인간은 결혼 생활에서도 자기 삶의 습관과 같은 태도를 보인다. 인생이 흥미로움으로 가득하면 결혼 생활도 흥미롭다. 인생이 재미있지 않다면 결혼 생활도 고루할 것이다.

좀 더 쉽게 이야기해보자면, 일상은 누구나 쉽게 빠지는 덫이 될 수 있다. 판에 박힌 일상과 지루함이라는 타성에 젖어들지 않으려면 자신의 삶과 세상을 개선하는 것은 인간의 의무이자 역할이라는 사실을 기억해야 한다.

어느 날 아침 모든 직장인이 자신의 업무에서 함께하는 이들에 대한 태도를 개선하겠다는 마음가짐으로 출근한다면 한 나라의 산업이 단기간 내에 얼마나 놀라운 도약을 이뤄낼지 상상해보자. 업무에 새로운 아이디어를 적용하면 일 자체가 명확해지고 전에 없던 활력이 깃들 것이다. 가정생활 역시 마찬가지다. 지루함, 권태, 틀에 박힌 느낌이 사그라지고 결혼 생활이 새로워지고 활력이 넘칠 것이다.

결혼 생활은 일상을 대하는 태도를 눈여겨보면 짐작할 수 있다. 만약 당신이 일상을 흥미롭게 대하고, 끊임없이 개선하며, 새롭게 도전할 방법을 찾는 사람이라면 흥미롭고 즐거운 결혼 생활을 할 가능성이 크다. 만약 그렇지 않다면, 곰곰이 생각해봐야 한다. 강제 수용소의 남편과 아내 이야기를 가슴에 새기고, 인생이 후회로 가득하지 않도록 지금 해야 할 말과 행동을 실천하자.

프랑스 작가 발자크Honore de Balzac는 이런 글귀를 남겼다. "당대 시인들은 이렇게 말했다. 사랑은 두 존재가 서로에게 부여하는 특권이자, 아무것도 아닌 일로 서로에게 큰 슬픔을 줄 특권이기도 하다."

성장은 예의를 요구한다

성공적인 자녀 교육을 위한 키워드는 성공적인 결혼 생활의 초석과 같은 단어, 즉 '예의' 아닐까. 낯선 사람과 이웃에게 하는 예의와 존중을 우리가 사랑하고 전적으로 책임져야 할 사람들에게 보여줘야 한다.

화가 난 어느 아버지가 열두 살 난 아들에게 "너는 도대체 언제 클거니?"라고 소리치는 모습을 본 적이 있다.

갑자기 방이 조용해졌고 아들은 애써 눈물을 참으며 이야기했다. "저도 자라려고 애쓰고 있어요."

자라는 것은 쉬운 일이 아니다. 우리는 직접 배우더라도 제대로 해내려면 오랜 세월이 걸릴 것이 틀림없는 일임에도 재빨리 익히거나 능숙하게 해내지 못하는 사람들을 못 견디는 경향이 있다.

숙련자들은 초보자의 어설프고 어색한 시도를 터무니없거나 짜증스럽게 받아들이는 경향이 있다. 그들은 "아니야, 아니야! 그렇게 하는 게 아니야!"라고 소리친 다음, 곧장 달려들어 그 일을 처리해버린다. 이런 태도는 스스로 무능하다고 느끼는 초보자에게 굴욕감과 자의식을 얹는다.

창피를 당하거나 무능하고 서투른 모습을 보인 사람들이 으레 그렇듯 상대는 이를 지적한 사람을 싫어하게 마련이다. 싫어하는 감정은 증오로 바뀔 수도 있다. 그의 마음속에서는 완전하고, 원초적이고, 원시적이며, 위험한 증오가 모호하게 뒤엉켜 활활 타오르기 시작할 것이다. "일을 좀 배워볼 생각은 없어?"라거나 "어쩔 수 없는 녀석이군"이라거나 "제대로 하는 게 없네"라거나 "너는 왜 성장하지 않는 거지?"같이 상대가 얼마나 부족한지 일깨우는 표현은 아무리 애정이 담겨 있다 하더라도 증오의 용광로에 기름을 끼얹는 것이나 다름없다.

누군가가 이렇게 조언한다면 어떨 것 같은가? 아마 코를 한 대 갈겨버릴 것이다. 하지만 아이가 부모의 코를 때리지는 않는다. 물론 아이도 가끔 주먹을 휘두르고 싶겠지만 참는다. 이 때문에 마음속에 불길이 쌓인다. 아이는 이런 식으로 자신을 대하는 부모를 싫어하고 결국에는 증오하게 마련이다.

이는 분명 아이가 원한 마음이 아니다. 아이는 자신뿐 아니라 부모에게도 매우 실망한다. 아이는 사랑하고 싶은 바람과 사랑해야 할 필요성, 그리고 자신이 느끼는 증오 사이에서 갈등한다. 다시 말해서 양

가감정에 사로잡히는 것이다.

이것이 바로 성인들이 가장 대처하기 힘들어하는 격앙된 내면의 전쟁이다. 어린 시절에는 인생의 모든 것이 크고, 결정적이고, 끔찍하게 보이다 보니 사소한 일도 심각한 재앙처럼 느껴진다. 시간이 흘러 어른이 되고 어느 정도 성숙해지면 아이와 부모는 다시 친구가 되기도 한다. 심지어 아이를 낳은 자녀가 자신의 부모가 했던 어리석은 실수를 똑같이 저지르기도 한다.

자녀를 남들과 다른 눈으로 바라보는 것은 수치스럽고 매우 커다란 대가가 따르는 일이다. 세상에는 분명 예의와 존경, 사랑으로 자녀를 대하고, 동시에 확고한 지침과 행동 규칙을 정하는 부모도 있다.

좋은 부모가 되는 것은 세상에서 가장 어려운 일 중 하나다. 그보다 어려운 일은 성장하는 과정 그 자체뿐이다. 대부분은 자신의 부모보다 자녀를 좀 더 잘 양육하겠다고 다짐할 뿐 별다른 훈련도 받지 못한 채 육아에 돌입한다.

성공적인 자녀 교육을 위한 키워드는 성공적인 결혼 생활의 초석과 같은 단어, 즉 '예의' 아닐까. 낯선 사람과 이웃에게 하는 예의와 존중을 우리가 사랑하고 전적으로 책임져야 할 사람들에게 보여줘야 한다.

서로 매우 가까이에서 긴밀한 관계를 유지하며 살아가는 자녀에게 예의를 갖추기가 어려울 수도 있지만 이런 노력을 절대로 게을리해서는 안 된다.

CHAPTER 2

대인 관계 기술

우리에게는
틀릴 권리가 있다

인간에게 가장 필요한 교육은 바로 '다른 사람들과 잘 지내는 법'이다. 제일 어려운 이 기술을 제대로 습득하려면 어떻게 해야 할까? 제일 중요한 규칙 한 가지는, 언제 틀렸는지 알아야 한다는 것이다. 설사 당신이 옳더라도 틀렸다고 인정해야 할 때가 온다.

항상 자신이 옳다고 고집부리는 사람만큼 짜증스러운 경우도 없다. 이런 사람은 자신이 틀렸거나 답을 모른다는 사실을 깨달으면 적어도 그 순간만큼은 세상이 끝난 듯한 절망감에 사로잡힌다.

얼마 전, 애리조나에 방문했다가 한 친구의 아버지가 운전하시는 차를 탄 적이 있다. 길을 가다가 차의 방향을 틀어야 할 때가 됐다. 친구 아버지는 태연하게 분기점을 지나치려 했고, 친구와 나는 재빨리 방향을 꺾어야 한다고 이야기했다. 놀란 친구 아버지는 급브레이크를 밟은 후 가까스로 가야 할 방향으로 핸들을 꺾었다. 그러면서 말씀하셨다. "알고 있었어. 나도 여기서 꺾어야 하는 줄 잘 알고 있었다니까."

친구 아버지는 그 사실을 몰랐다. 차에 타고 있던 모두가 그가 몰랐다는 사실을 알고 있었다. 하지만 많은 사람이 그렇듯 친구의 아버지는 모른다는 사실을 인정하지 않는 부류였다. 친구가 나를 보며 윙크했다. 나중에 친구는 내게 이렇게 말했다. "아버지가 한 번이라도 이 세상에 당신도 모르는 것이 있으며, 당신 역시 남들처럼 틀릴 수도 있다는 사실을 인정하시면 좋을 텐데."

그냥 미소를 지으며 "알려줘서 고맙다. 너희들 덕분에 내가 똑바로 갈 수 있게 됐어"라고 이야기했다면 얼마나 더 인간적으로 보였을까? 이렇게 말씀하셨더라도 그분의 권위는 조금도 깎이지 않았을 것이다. 인간이라면 누구나 실수를 하고, 모르는 것이 있을 수밖에 없다. 하지만 그분이 실제로 보였던 반응, 즉 분명히 몰랐음에도 마치 알고 있었던 것처럼 우리를 속이려 했던 태도 때문에 오히려 그분의 권위가 깎였다. 그런 행동을 보니 오히려 그분이 측은해졌고 조금 멀게 느껴졌다.

항상 자신이 옳다고 주장하는 사람은 직원, 동료, 부하, 상사를 비롯한 그 누구의 마음도 얻지 못한다. 틀렸다는 사실을 스스로도 인정하고 남들에게도 그렇게 이야기하는 편이 훨씬 낫다.

조직을 관리하고 경영하는 똑똑한 사람은 이따금 틀리는 것이 얼마나 중요한지 잘 안다. 실제로는 옳다고 생각하더라도 틀렸다고 인정할 줄 아는 것이다. 물론 자신이 옳다고 주장해야 하는 순간도 있다. 다만 사소하고 중요하지 않은 문제가 있을 때는 너그럽게 물러설 줄 알아야 한다.

미국 상공회의소가 발행하는 잡지《네이션즈 비즈니스^{Nation's Business}》에 부하직원에게 "내가 옳고 자네는 틀렸어"라는 말을 하기 전에, 상대의 기를 꺾어서 무엇을 얻고 잃을지 정확하게 자문해보라는 내용이 실린 적이 있다. 당신에게는 사소한 문제일 수도 있지만, 부하직원에게는 완전히 체면을 구기는 경험일지도 모른다.

물러서는 것은 건강에도 좋다. 전미정신건강협회의 조지 스티븐슨 George Stevenson 박사는 이렇게 이야기한다. "당신이 전적으로 옳다고 생각하더라도 가끔 물러서는 편이 당신의 건강에도 좋습니다. 당신이 물러서면 대개 상대도 물러설 겁니다."

이런 원칙은 가족이나 친구 관계에도 똑같이 적용된다. 갑자기 "아냐, 내가 틀렸고 네가 옳았어"라고 말하는 상대를 보면 논쟁이 대거 줄어들고 깜짝 놀랄 것이다.

한 걸음 물러서서 '내가 틀렸다'고 이야기하고 다른 사람들과 잘 지내는 것이 끝까지 자신의 주장을 굽히지 않으며 다른 사람의 미움을 사는 것보다 훨씬 낫다.

보잘것없는
케케묵은 원한

첫째, 다른 사람과의 의견 충돌은 불가피하다. 아니, 인간관계에서 의견 충돌은 당연하게 마련이다. 둘째, 의견 충돌이 일어나면 말수를 최소한으로 줄여야 한다. 가만히 입을 닫고 잠잠해질 때까지 기다려야 한다.

이 세상에는 가족 내에서 이따금 벌어지는 싸움이 당연하다는 사실을 깨닫지 못한 탓에 온갖 갈등에 휩싸이는 가족이 수없이 많다. 동시에 사랑하고 잘 지내야 마땅한 사람들과 의견 충돌이 일어날 수밖에 없다는 사실을 이해하지 못하는 사람 역시 놀라울 정도로 많다. 때때로 벌어지는 격렬한 의견 충돌이 자연스러운 일이듯, 서서히 잠잠해지는 것 또한 당연한 일이다. 의견 충돌이 벌어지더라도 자연스럽게 상황이 흘러가도록 두면 된다.

의견 충돌 후 말싸움을 벌인 끝에 부모나 형제 자매와 전혀 소통하지 않는 일은 흔하다. 상대의 잘못된 행동이나 말에 흔히 사람들은 마치 세상이 끝난 것처럼 군다. 몇 시간 혹은 하루이틀 기다릴 줄 알고, 다시 잘 지내겠다는 의지만 있다면 이전의 갈등은 사라지고 웃으며 넘기게 된다.

하지만 사람들은 보잘것없고 케케묵은 사소한 원한을 필사적으로 붙든다. 시간이 지날수록 점점 약해질 원한을 구태여 가라앉지 않도록, 서로의 고통이 사라지지 않도록 자꾸 불씨를 되살린다. 이런 사람들은 마음이 얕은 접시 같은 정도의 깊이와 너비이고, 배고프고 성질 더러운 이의 성격을 닮았을 뿐이다. 이런 사람들의 입에는 신랄한 말들만이 아로새겨져 있다. 이들의 머릿속에는 오직 자기 자신밖에 없어서 다른 사람은 아예 생각할 줄 모른다. 이런 사람은 어디에나 있다. 이들의 삶에는 빛이나 행복이 거의 혹은 전혀 없다.

기억해야 할 요점은 두 가지다. 첫째, 다른 사람과의 의견 충돌은 불가피하다. 아니, 인간관계에서 의견 충돌은 당연하게 마련이다. 둘째, 의견 충돌이 일어나면 말수를 최소한으로 줄여야 한다. 가만히 입을 닫고 잠잠해질 때까지 기다려야 한다.

흔히 맨 처음 갈등의 원인은 진작에 잊어버린 채 끝없이 서로를 미워하는 경우도 많다. 생각을 최대한 명료하게 전달한 다음 갈등이 사그라들 때까지 대기해야 한다. 시간이 지나면 갈등도 사라진다. 의견 충돌을 당면한 순간에 그 갈등이 얼마나 심각하게 느껴지건 하루이틀 정도 지나면 점점 누그러지고 희미해지며, 어쩌면 완전히 사라질 수도 있다. 성숙하고 평온한 사람은 옹졸한 불화에 휘말리지 않으며 다른 사람 못지않게 자신 역시 틀릴 수도 있다는 사실을 이해한다. 그뿐 아니라, 서로 다른 의견을 앞세우며 갈등을 빚지만 알고 보면 둘 다 옳을 때도 있다. 또한 다른 사람에게 자신의 의견을 고수할 권리가 있다는 것도 인정해야 한다.

살다 보면 '다시는 저 사람을 만나지 않겠다'고 다짐하는 순간이 찾아오곤 한다. 하지만 시간이 지나면 생각이 달라진다. 이럴 때는 도를 넘지 않는 것이 중요하다. 다시 말해서, 화해를 어렵거나 난감하거나 어색하게 만드는 행동을 하지 말아야 한다. 대개는 침묵이 정답이다. 입을 닫으면 많은 실수를 피할 수 있다.

리더의 자질

권한을 가진 사람이 반드시 성인이나 예술가, 철학자, 영웅은 아니다. 하지만 이런 사람은 진실을 존중하고, 아름다운 것의 진가를 알아보며, 올바르게 행동하는 법을 알고, 용기를 내서 의무를 이행한다.

리더의 정의를 내려보자. "지적인 호기심이 풍부해 항상 무언가를 배운다. 관대하고, 너그러우며, 크게 충격을 받지 않는다. 항상 사근사근하고 점잖지 않을 수는 있지만 적어도 흉포하거나 고압적이지는 않다. 합리적인 이치에 따라 살아가며 세련되고 마음이 넓다."

당신은 어떤가? 리더란 권한을 가진 사람이다. 힌두교에는 이런 속담이 있다. "자신이 다른 사람보다 우월하다는 감정은 전혀 숭고하지 않다. 진정한 숭고함은 과거의 자신보다 우월한 데 있다." 자신의 삶을 효과적으로 영위할 수 있음을 증명해 보인 사람들이 책임과 권한을 받아들이기에 가장 적합하다. 리더십은 다른 사람들로부터 최선의 노력을 끌어내는 것이다. 사람들은 자신을 가장 잘 이끌 것으로 보이는 사람들에게 기꺼이 귀를 기울인다.

최고의 리더는 대개 리더십을 추구하는 사람이 아니라, 자신의 삶과 일, 태도로써 리더가 될 수밖에 없음을 증명하는 사람이다. 그리스인과 초창기 기독교 교회는 권력을 갈망하는 사람에게는 권력을 주어서는 안 된다고 여겼다. 그리스의 통치자들은 권력을 원하지 않는다는 조건하에 절대 권력을 부여받았고 교회 주교직에 임명된 사람은 "나는 주교가 되고 싶지 않다"라고 말해야만 했다.

문제는 권한을 가진 사람이 없는 곳에서는 발전이 이뤄질 수 없다는 것이다. 무엇이 됐건 유용하거나 성공적인 일을 해내려면 전반적으로 관리하는 사람이 있어야 한다.

'권한'이란 판단을 내린 후 행동하고 지시를 내리고 복종을 요구할 수 있는 권력을 가졌다는 뜻이다. 이런 특징은 위원회가 아니라 개성이 강한 사람에게서 나타난다. 하지만 의도적으로 권력을 추구하지 않는 사람이 필요하다.

동물의 세계에서는 새가 먹이를 쪼는 순서에서부터 물소 떼가 모여서 노는 곳에 이르기까지 권한을 가진 동물의 존재가 분명하다. 엘리트의 역할은 선두에 서서 무리를 이끌고 책임을 지는 것이다. 대규모 활동을 진행하려면 많은 권한을 행사할 자격이 있는 인재들로 구성된 엘리트 집단이 필요하다. 인간 사회에는 질서가 필수적이다. 현대 문명 사회에서는 권한을 나눠주지 않고는 질서를 만들어낼 수 없다. 군대, 교육, 법 집행, 비즈니스, 정부, 스포츠 등 많은 분야에서 이같은 사실이 너무도 자명하게 드러난다. 심판은 권한을 가진 사람이다. 이 사실을 인정하지 않은 탓에 경기 도중에 쫓겨나는 선수가 많다. 관리자도 마찬가지다.

리더란 행동이 필요할 때 행동하는 사람이다. 역사를 돌아보면 대중은 그다지 많은 것을 이뤄내지 못했다. 대중은 계획을 세울 줄 알고 운영 능력을 갖춘 목적의식 있는 사람들의 지휘를 따른다. 리더가 차이를 만들어낸다. 제대로 된 리더는 늘 부족하다.

당신의 가장 위대한 자산

———— ✦ ————

당신은 리더의 자질을 갖추었는가?

다른 사람들이 가진 최고의 자질을 끄집어낼 수 있는가?

당신의 삶을 효과적으로 이끌어나갈 수 있다는 것을
증명해 보였는가?

판단하고 행동하며 지시를 내리고
복종을 요구할 권한이 있는가?

필요할 때 행동하는가?

숨겨진
잠재력 저장고를 찾아라

교사, 부모, 경영진, 다양한 분야의 리더를 비롯한 이 세상의 위대한 인물들은 인간에게는 눈에 보이는 것보다 훨씬 많은 잠재력이 있다는 사실을 잘 안다. RCA빅터레코즈의 전 부사장 조지 마레크^{George Marek}는 이와 관련된 훌륭한 일화를 들려줬다.《리더스 다이제스트 Reader's Digest》에 실린 이야기이기도 하다.

NBC심포니가 처음 창설됐을 무렵, NBC이사회 회장 데이비드 사노프^{David Sarnoff}가 한 가지 지시를 내렸다. "다른 오케스트라에 소속된 연주자를 스카우트하면 그곳이 부실해질 테니 절대로 다른 데서 데려와서는 안 됩니다." 훌륭한 지휘자인 아르투르 로진스키^{Artur Rodziński}가 이끄는 오케스트라 구성팀은 모두 뛰어난 연주자를 섭외해 훌륭한 오케스트라를 꾸렸으나 제1 클라리넷은 아직 구하지 못했다.

거장 아르투로 토스카니니Arturo Toscanini가 해당 오케스트라를 맡으러 이탈리아에서 올 무렵, 사노프는 이 문제를 어떻게 처리할 것인지 질문을 받았다. 뛰어난 제1 클라리넷 연주자를 찾는 일을 토스카니니에게 맡겨야 할까? 사노프는 이렇게 말했다. "솔직하게 이야기합시다."

토스카니니는 접견실에서 사노프를 반기며 말했다. "훌륭한 오케스트라를 구성하셨더군요. 제1 클라리넷 연주자만 빼면 아주 훌륭합니다." 사노프는 깜짝 놀라서 물었다. "어떻게 아셨습니까?" 토스카니니가 답했다. "밀라노에서 작은 단파 라디오로 들었습니다. 들어보니 알겠더군요."

그런 다음, 토스카니니가 이야기했다. "연습실로 가봅시다." 마침 오케스트라가 연습실에서 리허설을 하고 있었다. 토스카니니는 사람을 보내 제1 클라리넷 연주자를 데려오게 했다. 제1 클라리넷 연주자는 우리가 상상할 수 있을 만한 어두운 마음 상태로 토스카니니 앞에 나타났다. 토스카니니는 제1 클라리넷 연주자에게 이렇게 이야기했다. "당신은 훌륭한 클라리넷 연주자입니다. 하지만 몇 가지 잘못된 부분이 있습니다." 그런 다음, 토스카니니는 클라리넷 연주자와 함께 작업에 돌입했다. 어떤 결과가 나왔을까? 토스카니니의 가르침을 받은 클라리넷 연주자는 이후 17년 동안 오케스트라에 남아 세계 최고의 반열에 올랐다.

우리는 다른 사람의 잠재력보다 현재의 모습을 보는 데 그치는 경향이 있다. 해고하거나 포기하기 전에 약간의 인내심을 발휘해 상대를 격려하며 많은 훈련을 시키면 당신이 찾는 사람으로 한 단계 발전할 수 있다.

시카고대학교 학장을 지낸 로버트 허친스Robert Hutchins 박사의 이야기가 기억이 난다. 당시 허친스 박사는 성인 교육에 관한 이야기를 나누고 있었다. 함께 대화하던 누군가가 "늙은 개한테 새로운 재주를 가르칠 수는 없다"고 이야기했다. 이 말을 들은 허친스 박사는 이렇게 답했다. "사람은 개가 아니고 교육은 재주를 가르치는 게 아닙니다."

우리는 다른 사람에게 지나치게 일찍부터 과도하게 기대하거나 방해가 될 만한 문제를 간과하곤 한다. 자녀가 이 세상을 성공적으로 살아가는 똑똑하고 책임감 있는 성인으로 자라는 모습을 보고 부모가 깜짝 놀라는 경우가 많다. 모두가 시간이 좀 걸릴 뿐이다.

전문가들이 지적하듯이 모든 사람의 마음속 깊은 곳에는 잠재적인 능력이 존재한다. 심지어 천재성을 감추고 있기도 한다. 지식과 관심, 시간을 투자하면 이런 능력을 얼마든지 끄집어낼 수 있다.

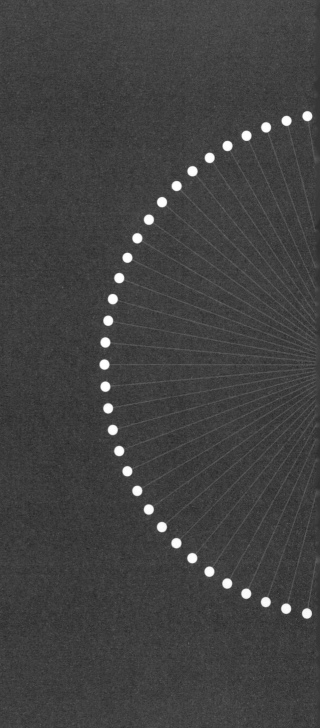

CHAPTER 3

효과적인 의사소통

상대방의 이야기를
경청하라

전문가들은 인간이 어떤 형태로든 언어로 의사소통하는 데 깨어 있는 시간의 약 70퍼센트를 보낸다고 추산한다. 좀 더 세부적으로 나눠 보면, 글쓰기에는 9퍼센트, 읽기에는 16퍼센트, 말하기에는 30퍼센트의 시간을 할애하며, 듣기에는 깨어 있는 시간의 거의 절반에 가까운 45퍼센트를 사용한다. 따라서 제대로 듣는 방법을 알아둔다면 좀 더 많은 것을 얻을 수 있을 것이다.

그 방법은 첫째, 숙련된 듣기의 중요성을 깨닫는 것이다. 다른 사람들이 하는 이야기에 귀를 기울일 만하다는 깨달음을 얻지 못했다면 이런 창의적인 능력을 굳이 개선할 이유가 없다.

둘째, 관심을 기울여야 한다. 놀라울 정도로 많은 사람이 실제로는 아무런 관심도 없으면서 겉으로는 관심이 있는 척 포장한다. 이 사실을 상대가 알아차리면 매우 난처한 상황이 연출된다. 이야기를 들을 때는 상대를 쳐다봐야 한다. 항상 상대의 눈을 응시하고 상대가 바라는 관심과 존경심을 충분히 보여주는 것이 가장 좋다. 상대방의 말에 귀 기울이기보다 자신이 할 말만 생각하다 보면 상대의 말을 제대로 이해할 수 없다.

셋째, 상대방의 몸짓과 표정을 주시해야 한다. 공감은 타인의 말에 귀를 기울이는 사람에게서 관찰되는 중요한 특징이다. 시종일관 무표정인 상대와 대화하기를 좋아하는 사람은 없다. 그러니 가끔 미소도 짓고 동의한다는 뜻으로 고개도 끄덕여야 한다. 반대로 자신이 말하는데 상대가 하품을 한다면 어떤 생각이 들까? 부정적인 제스처가 부정적인 영향을 미치는 만큼이나 긍정하는 제스처는 긍정적인 영향을 미친다.

넷째, 대화의 주제가 무엇이건 재미없다고 치부해서는 안 된다. 창의적인 사람은 항상 새롭고 색다른 정보를 찾는다. 몇 가지 주제를 '쓸데없는 말'로 분류하는 것이 옳을 수도 있다. 가령 험담이 여기에 해당한다. 하지만 무조건 쓸데없다고 치부하기 전에 특정 주제가 정말로 이야기를 나눌 가치가 없는지 확인하는 것이 현명하다. 새로운 아이디어는 곳곳에 널려 있으니 항상 마음을 열어두는 것이 좋다. 그 중 상당수는 다른 사람의 말을 통해서 우리에게 전달된다.

다섯째, 상대의 말을 예단해서는 안 된다. 말하는 방식보다는 내용 자체에 집중해야 한다. 폐쇄적인 마음가짐과 섣부른 결론 도출이 여기에 해당할 것이다. 1863년의 이야기다. 연사의 겉모습만 보고 미리 예단한 탓에 핵심을 완전히 놓쳐버리는 사건이 벌어졌다. 당시 미국 정치인 에드워드 에버레트$^{Edward Everett}$가 두 시간 동안 훌륭한 연설을 끝냈다. 그 후 키가 크고 여윈 남자가 등장해 딱 열 문장으로 이뤄진 연설을 했다. 그 연설에는 의례적인 박수가 조금 나왔을 뿐이다. 전장의 군인들이 두 번째 연사의 짧은 연설과 어색한 태도 때문에 제대로 귀 기울여 듣지 않고 무시했던 연설이 바로 에이브러햄 링컨$^{Abraham Lincoln}$의 게티스버그 연설이었다.

여섯째 방법은 들으면서 간단히 메모하는 것이다. 나중에 그 내용을 읽어보면 당시의 기억이 떠오르고 연사가 이야기한 요점을 다시 기억해낼 수 있다. 항상 필기구를 가까이 두어야 하는 이유다.

일곱째, 상대가 어떤 목적으로 이야기하는지, 다시 말해서 상대가 어떤 내용을 전달하고자 하는지 생각해야 한다. 이야기의 요점을 파악하고 사실과 허구를 구분해야 한다.

여덟째, 상대의 이야기를 무의식적으로 차단하는 '정서적인 청취 불가 지점$^{emotional deaf spot}$'을 조심해야 한다. 불쾌감을 초래하는 말이나 생각이 여기에 해당한다. 정서적인 청취 불가 지점을 안다면 마음을 어지럽게 만드는 단어나 아이디어를 정의하고 문제를 완벽하게 분석해 없앨 수 있다. 이런 상황이 존재한다는 사실을 깨달으면 상대적으로 쉽게 해결할 수 있다.

아홉째, 공통의 관심 분야에 귀를 기울이고 주의가 흩어지지 않도록 신경 써야 한다. 인간은 분당 500단어를 생각할 수 있지만 말하는 속도는 대개 분당 125개 단어에 불과하다. 다음과 같은 세 가지 방법을 활용하면 상대의 말에 집중할 수 있다. 우선 상대의 말을 들으면서 내용을 따져보고 평가해야 한다. 즉 상대의 말에 대해 좀 더 많이 생각해야 한다. 다음으로 미리 생각해야 한다. 즉 상대가 그다음에 어떤 말을 할지 예상해야 한다. 마지막으로 돌이켜 생각해야 한다. 머릿속으로 상대의 말을 요약해서 정리해야 한다. 이런 노력은 상대가 한 말을 좀 더 오랫동안 기억하는 데 큰 도움이 된다.

열 번째이자 마지막 방법은 직장 동료, 친구, 가족과 경청에 관해서 이야기해보는 것이다. 자신에게 중요한 것에 관해 이야기하면 이해 능력을 강화하고 발전시킬 수 있다. 듣기 능력은 회사에서건 친구 관계에서건 가정생활에서건 커다란 도움이 된다.

경청의 기술

대화를 잘하려면 잘 듣는 것이 무엇보다 중요하다. 쉴 새 없이 입을 벌리고 떠들어대면 많은 것을 배울 수 없다.

출판사 랜덤하우스를 설립한 베넷 세르프^{Bennett Cerf}가 업계에서 많은 존경을 받던 한 대학교수에 대해 이야기한 적이 있다. 교수는 장래가 유망한 학생들을 비공식적으로 자택으로 초대하곤 했다. 한 번은 열정 넘치는 2학년 학생이 이렇게 물었다. "교수님, 대화에서 가장 중요한 비법이 뭔가요?"

교수는 충고하듯 손가락 하나를 펼쳐 든 다음 이렇게 이야기했다. "잘 듣게."

침묵이 흐른 후 학생이 다시 말했다. "네, 지금 듣고 있습니다." 그러자 교수가 말했다. "그게 바로 비법이라네."

자신의 행동을 수시로 점검하는 것도 중요하다. 최근, 분명 대화의 가장 중요한 기술을 배운 적이 없는 사람과 오찬을 하던 중에 이 이야기가 떠올랐다. 물론 당신도 그런 사람을 만나본 적이 있을 것이다. 전혀 혹은 거의 가치가 없는 이야기를 떠들어대느라 쉴 새 없이 입을 놀리는 사람 말이다. 이런 사람들은 입을 다물고 조용히 생각하는 것을 어색하게 여기는 듯하다.

마치 테니스 경기를 하듯 모든 사람이 주거니 받거니 이야기를 나누는 것이 좋은 대화라고 한다. 반면에 대화의 중요한 기술을 배우지 못한 사람과 대화할 때는 골프 대회를 보는 관중처럼 그가 공을 치는 모습을 가만히 지켜볼 수밖에 없다.

이런 상황이 되면 녹음기와 마이크를 쥐어주고 대화를 독점하는 모습을 그대로 담아 상대에게 다시 들려주고 싶은 마음이 들 것이다. 그렇게 하면 상대가 다른 사람을 거칠게 몰아붙이고, 남의 말을 퉁명스럽게 묵살하고, 자기가 하고 싶은 말만 쏟아내는 모습을 있는 그대로 볼 수 있을 것이다.

제대로 된 대화를 나누려면 잘 듣는 것이 무엇보다 중요하다. 쉴새 없이 입을 벌리고 자기 이야기만 떠들어대면 많은 것을 배울 수 없다. 그뿐 아니라 제대로 아는 것에 대해서만 말을 해야 한다. 잘 알지도 못하면서 짐작하거나 더 심하게는 날조해서 떠들어대면 창피한 순간을 맞을 수도 있다.

내가 기억하는 가장 창피한 상황은 상대의 말을 듣는 것을 잊고 마구 떠들어댔던 순간이다. 그래서 이따금 다른 사람의 말을 잘 들어야 한다는 사실을 수시로 상기한다. 다른 사람의 말을 귀 기울여 들으면 대화에 말을 더할 차례가 됐을 때 가치 있거나 다른 사람들이 흥미를 느낄 만한 내용을 덧붙일 수 있게 된다.

물론 쉬운 일은 아니다. 당신의 의견이 확고한 주제라면 특히 그렇다. 곧장 대화에 뛰어들어 양팔을 휘두르며 열심히 입을 움직여 당신이 알고 있는 지혜를 모든 사람에게 알리고 싶다는 강렬한 유혹이 들 것이다. 하지만 자제력을 발휘해 충동을 참아내면 그 주제에 대해 당신이 알고 있는 내용을 조금씩 나눠줄 수 있다. 이런 태도를 보여야 다른 사람들 역시 그 대화에 참여할 수 있기 때문이다. 이 방법을 사용하면 비교적 똑똑한 인상을 남기거나 심지어 생각지도 못한 배움이 따라온다.

상대가 혼자서 대화를 독차지하거든 굳이 경쟁할 필요가 없다. 그럴 가능성은 적지만 만약 상대가 말을 멈추거든 또 다른 주제를 던져주자. 상대는 이 세상 만물에 대해 모르는 것이 없는 척척박사처럼 굴 것이다. 그가 떠들어대는 동안 건설적인 생각을 하며 점심 식사를 즐기면 된다.

대화의 방법

혼잣말에 푹 빠진 노인이 있었다. 어느 화창한 아침, 이 노인을 본 오랜 친구가 물었다. "찰리, 자네 또 혼잣말을 하는군."

찰리가 "알고 있어"라고 답하자 친구가 물었다. "왜 그러는 건가?" 노인은 다시 답했다. "두 가지 이유가 있다네. 첫 번째는 똑똑한 사람한테 말을 거는 게 좋아서라네. 두 번째는 똑똑한 사람이 말하는 걸 듣는 게 좋아서라네."

다음에 누군가에게 혼잣말하는 모습을 들키거든 이 이야기를 떠올리기 바란다. 사실 누구나 좋은 대화를 즐긴다. 대화할 상대가 없어지면 혼잣말을 하게 된다.

성공적인 대화의 기술을 익힌 사람은 극소수에 불과하다. 이런 사람들은 어디에 가나 인기가 많다. 대화를 잘하는 것은 아슬아슬하게 줄타기를 하는 것과 비슷하다. 완벽하게 균형을 유지해야 한다. 대화를 잘하는 사람은 다양한 분야에 관심과 지식을 가진 달변가일 뿐 아니라 상대에게 관심과 귀를 기울이기에 함께 있으면 매우 편안하다.

대화를 잘하는 사람은 논쟁에 휘말리지 않고 자신과 전혀 다른 의견이더라도 존중한다. 대화를 잘하는 사람은 좋은 대화란 어떤 주제에 관한 논쟁이 아닌 논의라는 사실을 안다. 갑자기 벌떡 일어서서 팔을 휘두르거나 상대의 말을 막거나 상대가 멍청하거나 터무니없는 사람처럼 보이도록 만들지 않는다.

대화를 잘하는 사람은 유머 감각과 유연성을 잃지 않는다. 대화가 자기 생각과 반대로 흘러가더라도 품위 있게 굽힐 줄 안다. 그뿐 아니라 다른 사람들이 하고 싶은 말을 모두 끝낼 때까지 유머러스하게 배려하며 기다린다. 그런 다음에는 "왜 그런 말씀을 하셨는지 확실히 알겠습니다" 같은 말로 다시 이야기를 시작한다. 이런 말을 듣고 상대가 순간적으로 경계심을 풀면 다시 부드럽지만 좀 더 효과적인 방식으로 자신의 입장을 개진한다.

대화가 바람직하지 않은 방향으로 흘러가면 다시 좀 더 기분 좋은 주제로 대화가 흘러가도록 노력한다. 이 노력이 실패하면 대화를 중단한다.

가장 대화를 잘하는 사람은 언제나 가장 잘 듣는 사람이다. 성공이 무엇이냐는 질문을 받은 알버트 아인슈타인^{Albert Einstein}은 "A가 성공이라면 A=X+Y+Z라는 공식을 세울 수 있습니다. X는 일, Y는 노는 것,

Z는 입을 다무는 것입니다"라고 대답했다. T. S. 엘리엇^{T. S. Eliot}은《칵테일 파티^{The Cocktail Party}》라는 작품에서 이렇게 적었다. "이 세상에서 발생하는 문제의 대부분은 중요해지고 싶어 하는 사람이 초래한 것이다."

대화를 잘하는 사람은 중요한 존재가 되고 싶어 하지 않는다. 다만 상대가 자신과 즐거운 시간을 보내고 재미있는 주제에 대해 생각하고 대화하는 것 자체를 즐기기를 바란다. 또한 상대와의 대화 주제를 자신의 말보다 더욱 중요하게 여긴다. 좋은 대화법은 자신의 존재를 감추고 대화 주제와 그 자리에 있는 다른 사람을 돋보이게 만드는 것이다.

이런 사람은 어느새 자연스럽게 주위에 사람이 모여들게 되고 항상 다른 사람의 초대를 받는다.

좋은 대화는 하나의 기술이다. 모든 기술이 그렇듯 제대로 익히려면 노력이 필요하다. 귀 기울여 듣는 것은 새로운 것을 배우는 최고의 방법이다. 상대의 이야기에 귀를 기울이면 친구를 사귈 뿐 아니라 배움까지 얻을 수 있다.

당신의 가장 위대한 자산
━━━━ ✦ ━━━━

• 다른 사람의 이야기에 편안하게 귀 기울일 수 있는가?

• 항상 상대방 중심으로
대화를 이끌어나가려고 노력하는가?

• 상대의 이야기를 경청하며
얼마나 많은 것을 배울 수 있는지 직접 연습해보자.

내가 틀릴 수도 있지만…

작가 리로이 램지Leroy Ramsey는 이렇게 이야기했다. "사실에 근거하지 않고 열정만으로 말하는 것은 물이 없는 수영장에 멋지게 뛰어드는 것과 같다." 다른 사람들이 당신의 관점을 좀 더 잘 받아들이도록 이해시키거나 설득하려면 명백한 사실을 바탕으로 말해야 한다. 흔히 하는 말처럼 "입을 움직이기 전에 마음이 준비됐는지 확인해야 한다."

난공불락의 논리로 주장을 뒷받침하거나 정보의 출처를 명확하게 제시할 수 있는 상황이 아니라면 침묵을 시키거나 "제 생각에는" 같은 표현을 사용하는 것이 가장 좋다. 벤자민 프랭클린Benjamin Franklin은 이 분야에서 뛰어난 인물이었다. 프랭클린은 다른 사람들을 자기 편으로 끌어들이려면 모든 말을 시작할 때 "내가 틀렸을 수도 있지만,

내가 보기에는…"이라고 운을 떼는 것이 좋다고 이야기했다. 또한 프랭클린은 겸손한 태도에 압도적인 논리가 더해지면 금세 다른 사람들에게 자신의 말이 옳다는 확신을 심어줄 수 있다고 설명했다.

주장을 제대로 펼치기도 전에 자신이 옳다는 입장을 취하는 것은 미성숙하다는 신호이며, 다른 사람들의 반대를 자초하는 것이나 다름없다. 그뿐 아니라 당신의 주장만 아니었다면 얼마든지 똑똑해 보였을 수도 있는 수많은 사람을 당황스럽게 만드는 행동이며, 이 행동이 재앙을 초래할 수도 있다. 사실 개인적으로는 미국 정치인 윌리엄 제닝스 브라이언^{William Jennings Bryan}이 세상을 떠난 것도 이 때문이라고 생각한다(진화론과 창조론을 놓고 격렬한 논쟁이 벌어진 스콥스 재판^{Scopes Trial}, 흔히 '원숭이 재판'이라고도 불린다. 창조론을 지지하는 검찰 측 변호인이던 브라이언은 재판에서는 승소했으나 그후 여론과 언론의 지탄과 비난의 포화에 시달리다 며칠 만에 사망했다.-옮긴이).

"내가 보기에는…"은 마법의 힘을 가진 말이다. 이 말은 사람들의 마음을 부드럽게 만들고 대화를 이어가도록 해준다. 다시 말해서 다른 사람의 마음과 생각이 나를 향하도록 만들어준다. 이렇게 말을 시작하면 설사 내 말이 틀렸다고 해도 얼마든지 품위 있게 상황을 수습할 수 있다. 하지만 이 사실보다 더 중요한 점은 다른 사람의 기분을 상하지 않게 하면서도 다른 사람들이 나와 같은 방식으로 생각하도록 만들 수 있다는 것이다.

논쟁을 피하라

고속도로에서 벌어지는 교통사고처럼 논쟁은 조금 멀리 떨어진 곳에서 보아야 잘 보인다. 논쟁을 피하려면 고속도로에서 사고를 피하는 것처럼 하면 된다. 속도를 줄이고 주의 깊게 다가가는 것이다.

논쟁을 피할 수 있는 멋진 방법이 있다. 질문을 던지면 된다. 논의 중인 주제와 상대방에 대해 제대로 알기도 전에 다짜고짜 끼어들어 반내 의견을 펼치는 대신 상대방에게 자신의 주장을 좀 더 명확하게 이야기해달라고 요구하면 된다. 논쟁을 즐기거나 어떤 주제에 관해서건 대화가 시작되자마자 곧장 논쟁에 돌입하는 사람은 다른 사람의 마음을 어지럽히기를 좋아한다. 윌러드 슬론^{Willard Sloan}은 〈논쟁으로는 친구를 사귈 수 없다(Arguments Don't Win Friends)라는 기사에서 논쟁은 대개 쓸모없고 터무니없다고 했다. 논쟁은 온화한 대화와 논의가 오갈 때가 아니라 성질을 참지 못할 때 생긴다.

정치나 종교 같은 주제는 거의 항상 논쟁을 촉발할 수 있다. 인종에 관한 편견 역시 특정한 관행에 찬성하거나 반대하는 형태로 가장 터무니없는 발언을 끌어낼 수 있다. 하지만 당신이 잘 알고 있는 문제에 대해 상대방이 구체적인 의견을 개진하게 만들면 어리석고 끝도 없는 싸움, 즉 승자가 없는 싸움을 피할 수 있다.

고속도로에서 벌어지는 교통사고처럼 논쟁은 조금 멀리 떨어진 곳에서 보아야 잘 보인다. 논쟁을 피하려면 고속도로에서 사고를 피하는 것처럼 하면 된다. 속도를 줄이고 주의 깊게 다가가는 것이다. 운전이든 대화든 가장 큰 위험을 초래하는 요인은 바로 '속도'다. 시속 15킬로미터로 달려서는 심각한 부상을 당할 가능성이 적다. 심각한 논쟁으로 비화될 상황이더라도 매우 신중한 태도를 유지한다면 골치 아픈 문제로 이어질 상황을 피할 수 있다.

누군가가 틀린 말이나 터무니없는 소리를 할 때 가만히 있을 필요는 없다. 반박하고 싶은 마음이 솟구치고 아드레날린이 샘솟는다면 곧장 싸울 태세를 갖추고 덤비기보다 "왜 그렇게 생각하십니까?"라고 묻자. 또다시 상대방이 불합리한 일반화를 시도한다면 "조금 더 구체적으로 이야기해주실 수 있으실까요?"라고 질문하자. "왜 그렇죠?"라거나 "어떻게 아시는 거죠?"라는 식의 질문을 던져도 좋다. 상대가 틀렸음을 직접 증명해 보이려고 하기보다 상대방이 자신의 옳고 그름을 스스로 입증하게 만드는 것이 좋다. 까다로운 문제에 대해 이야기하다 보면 상대가 결국 자신의 주장이 틀렸음을 스스로 증명할 가능성이 크다. 옳고 그름을 증명해야 할 부담감은 마땅히 책임져야 할 사람, 즉 논쟁을 시작한 사람에게 넘기면 된다.

어떤 논쟁도 벌일 필요가 없다. 우리는 상대가 자신의 주장을 증명하느라 허우적거리며 진창 속으로 서서히 침몰해 들어가다가 마침내 주제를 바꾸는 모습을 가만히 앉아서 지켜보기만 하면 된다. 그러면 다음에는 섣불리 논쟁을 시작하지 않을 것이다.

미국 최고의 경영자 중 한 사람으로 꼽히는 로버트 맥나마라^{Robert} ^{McNamara}는 제안을 받으면 반대하는 마음이 들더라도 항상 "그 이유가 뭡니까?"라고 물었다. 맥나마라는 모든 사실을 알고 싶어 했다. 물론 그의 생각이 옳지 않을 때도 있었다. 하지만 자신이 옳다고 생각할 때도 상대가 스스로 제안의 가치를 증명하게 했다.

논쟁으로 인해 불필요하고 불편한 관계가 되어 살아가는 사람이 얼마나 많은지 상상조차 하기 힘들다. 혼자서는 논쟁을 벌일 수가 없다. 그러니 우리의 인간관계가 그런 식으로 흘러가지 않도록 조심해야 한다. 우리가 해야 할 말은 "왜 그렇게 이야기하는 거야?"라거나 "방금 한 말이 정확하게 무슨 뜻이야?" 같은 것들뿐이다. 이야기를 이끌어나갈 책임과 부담은 부분별하게 대화를 주도하는 상대에게 맡겨두자. 이런 전략은 매우 효과적이다. 이런 태도가 당신을 전문적이고 현명하고 분별 있는 사람으로 보이게 할 것이다.

가장 접근하기 쉬운 즐거움

대문호 로버트 루이스 스티븐슨은 이렇게 말했다. "말은 가장 쉽게 누릴 수 있는 쾌락이다. 말을 하는 데는 돈이 들지 않고, 말은 그저 이익이 될 뿐이며, 교육을 완성하고 우정을 바로 세우며 더욱 풍요롭게 한다. 또한 말은 나이나 건강 상태와 상관없이 누구나 즐길 수 있다."

칼 세이건^{Carl Sagan}의 훌륭한 책 《브로카의 뇌》에는 인간의 뇌에서 말을 담당하는 영역을 처음 발견한 사람이 프랑스 의사 브로카 박사^{Dr. Broca}라고 기록돼 있다. 뇌에서 말을 담당하는 영역은 늦게 발달하는데, 인간이 문명을 발달시킬 수 있었던 것은 모두 뇌의 이 부분 때문이다.

또렷한 말이 없었다면 우리도 정글에 사는 동물처럼 살지도 모른다. 말이 없었다면 글이 발명되지 않고 정보가 한 세대에서 다음 세대로 전달되지 않았을 것이다. 또한 신체 외에는 지금 우리에게 있는 것 중 그 무엇도 갖지 못했을 것이다. 말은 정말로 놀랍고 기적과도 같은 것이다.

이런 이유로 다른 사람에게 하는 말이 인생에서 중요한 역할을 하는 것이다. 건축가가 되겠다고 마음먹은 열여섯 살 난 소년과 긴 대화를 나눈 적이 있었다. 참 훌륭한 학생이었고 학업에 꽤 진지한 태도를 보였다. 학생은 수학은 쉬운데 영어가 힘들다고 이야기했다. 수학을 잘하는데 영어를 힘들어하는 경우를 종종 목격한다. 반대로 영어를 잘하는 학생이 수학을 어려워 하는 경우도 많다.

나는 학생에게 영어 공부가 왜 중요한지 설명했다. 건축가가 되더라도 성공하기 위해서는 의사소통이 중요하다고 지적했다. 그뿐 아니라 건축가로서의 역량보다 언어 능력을 사용해야 할 때가 훨씬 많을 것이다. 메일도 쓰고 발표 자료도 만들어야 한다. 진공 상태에서 일할 수 있는 사람은 아무도 없고 그런 상태를 바라지도 않을 것이다. 우리는 수많은 사람과 상호작용한다. 우리에 대한 상대방의 생각과 평가를 결정하는 것이 바로 우리의 언어 능력이다.

의식적인 과정은 아니다. 살면서 한 번이라도 이런 생각을 해본 사람은 드물 것이나. 그럼에도 언어 능력이 사회 내에서 우리의 위치를 결정하는 것은 불변의 사실이다. 나는 학생에게 건축가가 되면 매일 다른 사람들을 상대하게 될 테고 비즈니스 고객들은 대화를 나눠본 결과를 토대로 그를 평가할 것이라고 이야기해줬다.

물론 그 학생이 언어 전문가가 될 필요는 없다. 그것은 교사의 몫이다. 하지만 많은 어휘를 유연하게 사용하고 별다른 노력 없이도 자연스럽고 편안하게 언어를 구사할 수 있어야 한다. 말을 하면서 너무 많이 생각해서는 안 된다. 아이디어와 반응은 언어 능력에서 흘러나온다. 그 학생은 그동안 싫어했던 영어 과목에 대해 새로운 관점을 갖게 됐을 거라고 믿는다. 좀 더 많은 교사가 학생들에게 말이 삶에 중요한 이유를 정확하게 알려주면 좋겠다.

CHAPTER 4

글쓰기 기술

대중을 설득하는
방법을 익혀라

플라톤^{Plato}은 《플라톤의 대화편》에서 이렇게 이야기했다. "고르기아스여, 법정의 판사를, 심의회의 의원을, 회합을 비롯한 정치 모임에 참가한 시민들을 설득하는 말보다 중요한 것이 어디 있겠습니까? 이런 말을 하는 힘을 갖고 있다면 의사도 조련사도 당신의 노예가 되고, 돈벌이에 혈안이 된 사람도 자기 자신이 아닌 말을 잘하고 대중을 설득할 줄 아는 당신을 위해 보물을 찾으러 나서게 될 겁니다."

언어를 잘 구사하는 사람이 그렇지 못한 사람보다 훨씬 큰 이익을 얻을 수 있다는 플라톤의 주장은 오늘날에도 여전히 통용되는 진실이다. 뛰어난 언어 구사 능력은 특히 일자리를 얻거나 승진하는 데 커다란 도움이 된다. 정치판에서는 언변이 뛰어나면 당선되는 데 특히 도움이 되고, 당선된 다음에는 원하는 목표를 이루고, 그 후에는 재선에도 긍정적인 영향을 끼친다.

비즈니스 회의, 중역 회의 등 각종 회의에서 이런 일이 빈번하게 벌어진다. 자신 있게 서서 훌륭하고 명료하게 발표하는 사람은 모두의 찬사와 상사들의 인정을 받아 승진의 기회를 얻게 된다. 반면, 잘못된 어휘를 사용하거나 더듬거리거나 중얼거리는 사람은 실제로는 똑똑하고 능력이 뛰어나더라도 인정받기 어렵다. 조직 경영의 가장 중요한 전제 조건은 명확하고 효과적으로 소통하고 책임자들에게 동기를 부여하는 능력이기 때문에 언변이 뛰어나지 못하면 불리한 위치에 놓일 수밖에 없다.

어려운 상황에서도 언어 능력이 뛰어난 사람은 큰 피해나 어려움 없이 곤경에서 벗어날 확률이 높다. 좋든 싫든 그럴 수밖에 없다.

겉으로 드러나는 모습 역시 엄청난 차이를 만든다. 도덕적으로 옳지 못할 수 있으나 겉모습은 분명히 사람들의 평가에 영향을 미친다. 외모가 준수한 사람은 법정에서 승소할 가능성이 훨씬 크다. 배심원이 있는 경우라면 특히 그렇다. 이런 원칙은 성별에 상관없이 모두에게 적용된다. 배심원단은 외모가 준수할수록 유죄일 가능성이 적다고 본다. 설사 유죄라 하더라도 고의성이 없거나 또 다른 범죄를 저지를 가능성이 적다고 생각한다. 외모가 준수한 사람을 좀 더 호의적으로 바라보는 것이 사실이다. 모든 조건이 같다면 멀끔한 쪽이 회사에서도 좀 더 빨리 승진하는 경향이 있다.

조상한테 물려받은 외모는 개인이 어찌할 수 없는 부분이 크다. 하지만 언어 능력은 공부하면 누구나 발전시킬 수 있다. 다른 주제를 공부할 때처럼 얼마든지 언어 구사 능력을 익힐 수 있다. 관련 서적을 읽고, 이해되지 않는 단어를 열심히 찾아보고, 억양이나 리듬을 잘 조절해 명료하게 말할 수 있을 때까지 큰 소리로 읽는 연습을 하면 된다.

무엇보다도 말이 얼마나 중요한지 이해하고 그에 걸맞은 주의를 기울이는 것이 중요하다. 교수나 변호사처럼 말하는 직업이 아니더라도 얼마든지 훌륭한 말하기 습관을 기르고, 명료하게 말하며 "그거 있잖아"라거나 "무슨 말인지 알지?" 같은 어리석은 말 대신에 실질적인 의미가 담긴 표현을 활용한다. 명확하고 효과적으로 이야기하지 않으면 사람들은 당신이 무슨 이야기를 하고 싶어 하는지 이해하지 못한다.

아이디어를
효과적으로 전달하는 방법

엘머 휠러^{Elmer Wheeler}가 남긴 "스테이크를 팔지 말고 지글지글 익는 소리를 팔아라^{Sell the sizzle, not the steak}"라는 유명한 말속에는 아이디어를 효과적으로 전달하는 방법에 관한 훌륭한 조언이 담겨 있다.

상사에게 효율성 개선에 도움이 될 만한 번뜩이는 아이디어를 제시했다가 열광적인 반응을 얻기는커녕 오히려 분노만 산 적이 있는가? 아내나 남편, 혹은 이웃에게 이른바 좋은 충고를 해준 적이 있는가? 그런 적이 있다면, 사람들이 타인에게서 아이디어를 강요받을 때얼마나 쉽게 분노하는지 이해할 수 있을 것이다.

새로운 아이디어 앞에서 사람들은 본능적으로 방어 태세를 취한다. 사람은 누구나 자신의 개성과 현 상태를 유지하고 싶어 하며, 대개는 자기중심적이어서 다른 사람보다 자기 아이디어가 낫다고 생각한다.

아이디어를 상대방에게 제대로 전달해 상대의 열정을 불러일으키는 데 도움이 되는 세 가지 검증된 규칙이 있다.

규칙 1: 마구 밀어 넣는 튜브보다는 낚싯대를 사용하라. 사람들은 새로운 아이디어가 자신의 것 같을 때 비로소 그것을 받아들인다. 사람들에게 자신의 아이디어가 받아들여지기 바란다면 송어를 잡기 위해 근처로 낚싯줄을 던지는 어부를 보고 배워야 한다. 어부가 송어의 입속으로 바늘을 밀어 넣을 수는 없다. 하지만 송어가 바늘을 물게 만들 수는 있다.

상대가 아이디어를 받아들이게 만들려고 조바심을 내서는 안 된다. 그저 그가 받아들일 만한 곳에 아이디어를 꺼내두면 된다. "이렇게 해야 합니다"보다는 "이 방법을 고려해보셨나요?"라고 말하는 편이 도움이 된다. 또는 "이 아이디어가 괜찮을 것 같나요?"라고 묻는 편이 낫다. 상대가 스스로 새로운 아이디어를 받아들이도록 만들어야 한다.

규칙 2: 다른 사람이 당신을 위해 목소리를 내도록 만들어라. 사람은 본능적으로 체면치레를 위해 이의를 제기하고 싶은 욕구를 느낀다. 당신의 아이디어에 반대되는 의견을 내놓으면 상대는 그 의견에 다시 반대하게 될 것이다.

프랭클린은 이렇게 이야기했다. "다른 사람을 설득하려면 당신의 주장을 정확하게 전달하되 지나치게 확신에 찬 모습을 보여서는 안 된다. 그런 다음 당신이 잘못 알고 있을 수도 있다고 이야기해야 한다. 이런 태도를 보이면 상대가 당신의 말을 받아들이고 거의 틀림없이 태도를 바꿔 당신을 설득하려 들 것이다. 당신이 주저하기 때문에 이런 태도를 보이는 것이다. 반대로 확신에 차서 오만한 태도로 나온다면 상대방을 적으로 만들 뿐이다."

링컨 역시 배심원에게 자신의 생각을 전달할 때 비슷한 방법을 활용했다. 링컨은 사건을 둘러싼 양쪽의 입장을 모두 변론했다. 하지만 항상 자신이 변호하는 쪽의 입장이 더 논리적이라는 의견을 미묘하게 전달했다. 한번은 상대 변호사가 링컨을 두고 "내가 맡은 사건을 나보다 배심원단에게 더욱 잘 전달했다"라고 말했다.

규칙 3: 평서문보다는 질문을 활용하라. 아이디어를 효과적으로 잘 전달하기로 유명한 또 다른 인물인 패트릭 헨리^{Patrick Henry}는 이 규칙을 잘 알았다. 헨리는 "자유가 아니면 죽음을 달라^{Liberty or Death}"라는 유명한 연설에서 이런 질문을 던졌다. "우리의 형제들은 이미 전쟁터에 나가 있습니다! 그런데 왜 우리는 이렇게 빈둥거리고 있는 겁니까? 그들은 무엇을 원하는 겁니까? 쇠사슬과 노예제도라는 대가를 치르고도 사야 할 만큼 목숨이 그렇게도 소중하고 평화가 그렇게도 달콤한 것입니까?" 똑같은 말을 의문형이 아닌 평서문으로 이야기한다면 많은 사람의 빈감을 살 것이다.

이 세 가지 규칙을 요약하면 다음과 같다. 첫째, 상대방에게 아이디어를 받아들이도록 강요하지 말라. 대신 스스로 그 아이디어를 받아들이도록 유인하라. 둘째, 지나치게 확신하지 않는 태도를 보임으로

써 상대가 당신을 위해 목소리를 내도록 만들어라. 셋째, 평서문보다는 질문을 활용하라. 아주 훌륭한 조언이다. 당신의 생각은 어떤가?

사람들이 당신의 말을 받아들이는가?

우리의 주된 목적은 사람들이 우리가 하는 말을 믿게 만드는 것이다. 우리의 목적은 웅변을 하거나 과장된 몸짓을 하거나 연단에 올라서서 상을 받으려는 것이 아니다. 사람들이 아이디어를 받아들이게 만들고, 말하고자 하는 주제에 대한 열정을 상대에게 전달하는 것이다.

전 국민을 웃게 할 정도로 재미있고 기상천외했지만 정작 눈에 띄는 매출 증가는 없는 것으로 밝혀진 광고가 있다. 모든 홍보 전략의 효과를 확인하는 방법은 '제품 판매에 도움이 되는가?'다. 물론 이런 규칙이 악용되기도 한다. 광고 담당자들은 지루하고 우스꽝스럽고 혐오스러운 광고를 내놓으며 "그래도 제품이 팔리니까요"라는 변명을 일삼

아왔다. 중요한 것은 제품 판매이지만 그렇다고 이를 위해 무엇이든 감내해야 하는 것은 아니다. 제품을 팔기 위해서라고 해도 훌륭한 안목이나 올바른 예절, 윤리를 포기해서는 안 된다. 그럼에도 우리는 제품을 팔아야 한다. 바로 이런 이유로 훌륭한 아이디어가 중요하다.

따라서 연구, 경험, 시행착오, 심층적인 지식, 교육이 모두 도움이 된다. 우리는 상대가 우리의 아이디어를 받아들이기를 바란다. 하지만 그 과정이 너무 귀엽거나 기발해서 사람들이 연막에 집중하느라 요점을 파악하지 못하거나 전달하고자 하는 메시지를 보지 못하거나 받아들이지 못하게 돼선 안 된다. 전달하려는 메시지를 상대가 받아들이지 못하면 이 메시지는 결국 의미 없는 소음에 불과하다.

따라서 독창성과 창의성이 매우 중요하다. 신도에게 설교하는 종교 지도자나, 자녀에게 올바른 삶, 더 나은 삶의 방식, 피해야 할 함정 등에 대해 이야기하는 부모에게도 똑같은 원칙이 적용된다. 상사나 동료, 부하직원을 설득하거나 회사의 제품이나 서비스를 실제로 판매하는 데도 똑같은 원칙이 적용된다. 연설 제의를 수락하는 것은 다른 사람에게 설득력 있게 아이디어를 전달해야 한다는 도전과제를 받아들이는 것이다.

우리의 주된 목적은 사람들이 우리가 하는 말을 믿게 만드는 것이다. 우리의 목적은 웅변을 하거나 과장된 몸짓을 하거나 연단에 올라서서 상을 받으려는 것이 아니다. 사람들이 아이디어를 받아들이게 만들고, 말하고자 하는 주제에 대한 열정을 상대에게 전달하는 것이다. 적당한 농담이 좋다는 말은 바로 이런 이유에서다. 매우 심각한 경우를 제외하고 연설을 할 때는 한두 가지 유쾌한 말을 끼워 넣을 수 있다. 재미있는 내용을 집어넣어서 청중이 웃음을 터뜨리며 긴장을 풀게 만드는 것이 좋다. 하지만 주제와 목적을 잊어서는 안 된다. 재미있는 문구나 농담이 옳은지 조금이라도 의구심이 든다면 과감히 빼는 것이 좋다. 이런 내용을 집어넣는 것이 옳다면 장갑처럼 딱 맞는, 완벽하다는 느낌이 들 것이다.

연설 후에는 청중을 대상으로 설문조사를 진행해보자. "제 강연의 주제를 한 문장으로 요약하면 무엇일까요?" 같은 부류의 질문을 몇 개 던진 후 "제가 오늘 이야기한 내용이 와닿았나요?" 같은 중요한 질문을 더하면 어떨까.

얼마 전, 어느 사교 모임에서 한 남자가 내게 다가왔다. 남자는 자기소개를 한 다음 이렇게 말했다. "나이팅게일 씨, 당신이 말씀하시는 강연을 들었습니다. 정말 흥미로웠습니다. 하신 말씀을 받아들일 수는 없지만 매우 흥미로운 내용이었습니다." 그 말을 듣자마자 나는 이 남자가 괴짜 아니면 완전한 멍청이라고 결론을 내렸다. 하지만 미소를 지으며 악수를 하고 "모든 사람을 설득할 수는 없으니까요" 같은 식의 말을 했다. 그럼에도 실패했다는 아쉬움은 가시지 않았다. 사실 남자가 멍청이가 아니라는 사실쯤은 나도 알고 있었다. 물론 괴짜일 수는 있다.

이성적인 사람이 명백한 사실과 당해낼 재간이 없는 우리의 굉장한 논리를 반박하는 모습을 상상하기는 힘들다. 하지만 그런 사람이 반드시 있다. 나를 비판한 사람에게 이렇게 이야기하고 싶었다. "그보다 얼마든지 더 친절하게 말할 수 있었을 텐데요." 하지만 그의 말이 옳았다. 나는 그날 아침 그 사람을 설득하지 못했다. 강연이 끝난 후 박수가 쏟아졌기 때문에 나는 모든 사람에게 내 생각을 제대로 전달하는 데 성공했다고 생각했다. 하지만 그 남자의 말 덕분에 모든 사람이 내 생각을 받아들이도록 만들지는 못했다는 사실을 깨달았다.

당신도 마찬가지다. 특정 브랜드의 차를 운전하는 사람은 왜 모든 사람이 자신과 같은 브랜드를 선택하지 않는지 이해하지 못할 것이다. 공화당원들은 이성적이고 똑똑한 사람들이 왜 민주당을 택하는지 놀라움을 감추지 못한다. 물론 반대의 경우도 마찬가지다.

자동차의 브랜드는 수십 종이고, 사람들의 믿음은 다양하며, 종교와 종파도 무수히 많다. 다른 사람의 신념을 바꾸기 위해 지쳐 쓰러질 때까지 무대에서 갖은 애를 쓸 수도 있겠지만 아무런 소용이 없을 가능성이 크다. 하지만 할 말이 있을 때는 상대방이 나의 말을 받아들이도록 최선을 다해 설득할 수 있다. 일부를 설득하면 잘한 것이다. 대부분을 설득한다면 최고의 영업사원보다 뛰어난 성과를 내는 진정한 달변가다. 하지만 언제나 모든 사람을 설득할 수는 없다.

의사소통에서 무엇보다 중요한 것은 아이디어를 효과적으로 전달하고 좋은 사람들이 그 아이디어를 실제로 받아들이게 하는 것이라는 점을 기억해야 한다.

글쓰기에 대하여

글을 쓰고 싶은 마음은 있지만 글솜씨가 좋지 않아서 망설이고 있다면 일단 무조건 써보자. 글을 잘 쓰고 싶다면 말하듯이 쓰면 된다. 물론 쉽지 않을 것이다. 그 이유는 일상적인 대화를 하듯이 읽고 소리 내는 법을 배우기가 어렵기 때문이다.

이른바 '자연스러운spontaneous' 홍보를 위해 전문가가 아닌 사람을 인터뷰한 장면을 본 적이 있는가? 그런 홍보물에 등장하는 출연자는 내사가 적힌 큐 카드나 스크립트를 읽거나 대사를 모두 외운다.

메일을 쓸 때나 글을 쓸 때도 마찬가지다. 문법적인 요소는 걱정할 필요가 없다. 문법은 쓸모없어진 지 한참 됐다. 회화체가 좋은 글을 쓰는 데 도움이 되지 않을 수는 있지만 적어도 즐겁고 잘 팔리는 글을 쓰는 비법은 맞다. 개인적으로는 재미있고 흥미롭다면 좋은 글이라고 생각한다.

오랫동안 많은 사람이 비즈니스용 서신에서 격식과 딱딱한 표현을 없애기 위해 애써왔다. 사실 평소에 말하듯이 메일을 쓰기만 하면 어려운 일도 아니다. 고객으로부터 연락을 받은 후 전화를 건다면 "15일에 보내주신 연락에 감사드립니다. 충분한 검토 끝에 결론에 도달했습니다" 같은 표현은 사용하지 않을 것이다. 그보다는 "메일 잘 받았습니다. 고심한 끝에 이런 결정을 내렸습니다" 같은 식으로 이야기할 것이다.

메일을 쓸 때는 테이블 맞은편에 앉아 있는 사람에게 말하듯이 글을 써보자. 일상 대화에서처럼 편안하고 간략한 표현을 많이 사용해도 좋다. 예를 들면, "그럴 수 없습니다"라고 말할 수 있는데 굳이 "그렇게 할 수는 없습니다"라고 쓰거나, "안 됩니다"라는 말을 메일에서는 굳이 "그렇게 해서는 안 됩니다"라고 쓰거나, "하시죠"라고 하면 충분한 상황에서 "해보시는 것이 어떨까요?"라고 쓸 필요는 없다.

쓰고 싶은 이야기가 있다면 자리를 잡고 앉아 오랜 친구나 아이들에게 이야기하듯 쓰면 된다. 자연스럽고 편안하게 글이 떠오른다면 계속 써도 좋다. 그러다가 억지스럽거나 부자연스럽게 느껴지면 멈춰야 한다. 생산적으로 글을 쓰는 시간이 점차 길어져 서너 시간까지 늘어날 수도 있다. 한 줄씩 여백을 두고 매일 네 쪽씩 글을 적으면 석 달이면 장편 소설 한 권 분량을 쓸 수 있다는 사실을 알고 있는가?

"작가는 영혼의 내면을 우리에게 드러내 보이는 만큼만 우리에게 소중하고 필요한 존재"라는 레프 톨스토이[Leo Tolstoy]의 말을 기억하기 바란다.

간결함이 핵심이다

크게 성공한 대형 광고 대행사를 공동 운영하는 어느 대표는 클리셰를 거부하는 고정불변의 원칙을 고수했다. 클리셰란 이미 너무 많이 사용된 탓에 본연의 의미를 잃어버린 진부한 표현을 뜻한다. 이 단락 첫 문장에도 재미로 넣어둔 클리셰가 하나 있다. 어떤 표현인지 눈치 챘는가? 첫 문장을 다시 읽어보면 "클리셰를 거부하는 고정불변의 원칙을 고수했다"라고 적혀 있다. "고정불변의 원칙"이 무엇일까? 차라리 "클리셰에 반대하는 원칙을 고수했다"라고 적는 편이 훨씬 낫다. "고정불변"이라는 표현은 필요하지 않다. 광고에서 불필요한 표현을 사용하면 소중한 공간이 낭비되고, 핵심 메시지는 전혀 늘어나지 않았는데 비용만 올라간다.

얼마 전, 재미 삼아 한 가지 테스트를 해봤다. 두 쪽짜리 편지를 쓴 다음 불필요한 단어를 잘라내 세 문단으로 구성된 한 쪽짜리 편지를 만들어냈다. 편지에 들어간 단어의 약 70퍼센트가 불필요했을 뿐 아니라, 새롭게 완성된 편지는 견고하고 간결하며 힘이 넘쳤다. 처음에 쓴 편지는 불필요하고 거추장스러운 표현, 미처 깨닫지도 못한 채 집어넣은 클리셰들로 가득했다. 말할 때도 마찬가지다. 사람들이 "그러니까 내 말이 무슨 뜻이냐면"이라는 표현을 얼마나 자주 사용하는지 알고 있는가? 처음부터 무슨 뜻으로 한 말인지 제대로 이야기하면 이런 설명을 덧붙일 필요가 없다. 그 외에도 사람들은 "그런 거", "무슨 말인지 알지?", "다시 말해서", "내가 말했듯이" 같은 불필요한 표현을 많이 사용한다. 필라델피아에서 만난 어느 택시 운전사는 한 문장을 끝낼 때마다 돌아보며 물었다. "제 말이 맞나요, 틀렸나요?"

이런 말이 특별히 잘못되었다는 것은 아니다. 하지만 이런 식의 표현은 단순하고 직접적이며 명료하고 강력할 수 있는 말에 불필요한 부담과 과도한 짐을 추가하는 것이다. 어니스트 헤밍웨이Ernest Hemingway는 단 한 문단을 완성하느라 오전을 통째로 써버리곤 했다. 헤밍웨이의 글을 읽어보면 가능한 한 적은 단어로 매우 간결하게 자신의 생각을 전달한다는 사실을 알게 될 것이다. 또 다른 예로 《성경》에 나오는 산상수훈(신약 성경 가운데 〈마태복음〉 5~7장에 실려 있는 예수의 가르침 – 옮긴이)이 있다. 예수가 남긴 위대한 연설의 70퍼센트 이상이 아주 간결한 말로 이뤄져 있다.

다음에 메일을 쓸 때는, 특히 비즈니스 서신에서는 간결하고, 힘 있고 함축적인 단어를 사용해보자. 좀 더 나은 메일을 쓸 수 있을 것이다. "하지만", "보내주신 메일과 관련해서 이야기해보자면" 같은 클리셰와 메일을 마무리 지을 때 사용하는 어색한 표현을 모두 잘라내자. 메일을 쓸 때마다 다시 읽어보고 실제로 말할 때도 사용하는 표현인지 자문해보자. 만약 그렇지 않다면 그 메일은 다시 쓰는 편이 낫다. 클리셰, 진부한 말, 그 어떤 의미나 가치도 없는 옛 속담을 거부하자. 물론 오래됐지만 고풍스러운 다리처럼 계속 사용해도 좋은 것도 있다. 예컨대 "하늘은 스스로 돕는 자를 돕는다" 같은 표현은 지금 사용해도 괜찮은 표현이다.

글쓰기를 시작하려면

다른 분야와 마찬가지로 작가로 성공하는 방법은 간단하다. 올바른 습관을 기르면 된다. 최고의 방법은 매일 해야 할 일을 하는 것이다.

신문에 매일 칼럼을 쓰는 칼럼니스트, 매일 만화를 연재하는 만화가, 명확하게 해야 할 일이 있는 할리우드 시나리오 작가가 갑자기 아무 생각도 나지 않는 순간을 맞이할 수도 있다. 마감 시간은 다가오는데 말이다. 내게도 같은 일이 벌어질 때가 있다. 자주 있는 일은 아니지만 전혀 없는 경우도 아니나. 그럴 때는 빈 종이를 가만히 쳐다본다. 정신이 산만해지다가 다시 집중하기를 반복하다가 이윽고 서재를 훑어보고 무언가를 읽기 시작한다. 그런 다음에는 마냥 앉아 있는 대신 하면 좋을 만한 일을 생각한다. 낚시를 떠올릴 수도 있고 골프를 치면 좋겠다고 생각할 수도 있고 먼 곳으로 떠나는 여행을 상상할 수도 있다. 그런 다음 당장 해야 할 일에 억지로 마음을 붙들어놓고서 처음부터 다시 시작한다.

텅 빈 용지가 무색하게 마감일은 다가온다. 이제 어떻게 해야 할까? 글쓰기에 돌입해야 한다. 그냥 시작해야 한다!

"분위기가 될 때까지 기다려야 해요. 뮤즈의 환심을 사고 영감이 떠오르기를 기다려야 합니다"라는 말 앞에 전문 작가들이 웃음을 터뜨리는 것도 바로 이런 이유 때문이다. 마감일에 맞춰 글을 써서 생계를 유지하는 사람들이 마냥 영감을 기다리면 굶주리게 될 것이다. 혹은 다른 일을 찾아야 할 수도 있다.

몇 년 전에 한 대학의 언론학과 학생들 앞에서 강연을 한 적이 있었다. 당시 내가 했던 말이 나중에 다시 떠올라 나를 괴롭혔다. 나는 학생들에게 글쓰기를 진지하게 생각한다면, 다시 말해서 생계를 위해 글을 쓴다면 매일 뭐라도 써야 한다고 이야기했다. 종이봉투 뒷면에 몇 가지 메모를 남기는 것에 불과하더라도 매일 적어야 한다. 쓸 만한 것이 전혀 떠오르지 않더라도 어쨌건 써야 한다.

나는 지금도 이 말이 옳다고 생각한다. 하지만 가만히 앉아서 단 한 글자도 쓰지 못한 채 빈 종이를 네다섯 시간씩 노려볼 때가 많다. 작가로 성공하는 방법은 다른 분야에서 성공하는 방법과 다르지 않다. 올바른 습관을 기르면 된다. 바른 습관을 기르는 최고의 방법은 매일 해야 할 일을 하는 것이다. 하면 할수록 쉬워지고, 유능해지고, 자신감이 생기며 업무 성과도 꾸준히 개선된다. 그뿐 아니라, 많이 할

수록 점점 더 많은 아이디어를 얻을 수 있다.

해야 할 일을 오래 미룰수록 그 일을 하기가 더욱 두려워진다는 사실을 모르는 사람은 없다. 결국 계속 미루는 탓에 일이 처음보다 훨씬 어렵게 느껴지고 마지막에 어쩔 수 없는 순간이 돼서야 절박한 심정으로 시작한다. 그다음에는 생각만큼 나쁘지 않다는 사실을 깨닫는다. 쌓여가는 불안감에 허우적대고 책임을 회피하느라 비참한 기분에 사로잡혀 시간을 낭비하지 말고 처음부터 한 번에 해내는 것이 좋다.

며칠 또는 몇 주 전에 했어야 하지만 그냥 없어지기를 바라며 미뤄둔 일이 있을 것이다. 같은 과정을 거쳐 새로운 습관을 기른 사람의 입장에서 한 가지 조언을 하겠다. 지금 바로 시작하라! 그러다 보면 어느새 끝이 나고 다음 도전과제가 등장할 때까지 스스로를 자랑스럽게 여기게 될 것이다.

매일 해야 할 일만 제대로 해낸다면 영원히 뒤처진 채 따라잡기 위해 미친 듯이 달리지 않아도 항상 앞서 나갈 수 있다.

YOUR GREATEST ASSET

CHAPTER 5

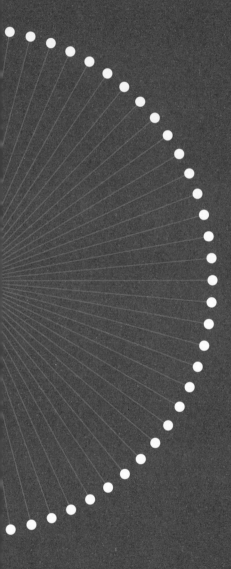

창의성

상상력을 활용해
삶에 활력을 불어넣어라

상상력이 전부다. 상상력을 어떻게 활용하는가에 따라 우리의 삶이 달라질 것이다. 아이들은 자신보다 훨씬 큰 어른이 되어 걷는 모습을 상상한다. 그러다가 걸을 줄 알게 되면 당장 달리고 싶어 한다. 우리는 인생을 살아가면서 안정기에 도달할 때마다 다음 단계로 도약하는 자신의 모습을 그려본다. 그것이 바로 상상력이다. 상상력은 우리를 매일, 그리고 매년 하나의 아이디어에서 또 다른 아이디어로 이끌어준다.

하지만 주의를 기울이지 않으면 혼란스럽고 복잡하게 뒤엉킨 문제에서 벗어나기 어려울 수도 있다. 그러니 상상력을 발휘할 때는 복잡한 것을 피하고 단순함을 추구해야 한다.

지금 우리는 원하는 삶을 살고 있을까? 아니면 거짓된 가치를 토대로 정형화된 삶을 살고 있을까?

대개 이 두 가지는 연결돼 있다. 다음과 같은 뜻이 담긴 일종의 타협이나 다름없다. "다른 사람들은 '괜찮은 삶'이 어떤 것인지 틀림없이 잘 알고 있다. 결국 괜찮은 삶을 살아가는 사람이 정말 많다." 하지만 좀 더 자세히 들여다보면 그들은 미국 철학자 루이스 멈포드^{Lewis Mumford}가 이야기하는 '그림자 인생^{shadow life}'을 살고 있다. 아이스 스케이트 경기에서 두 선수의 동작이 서로 거의 완벽하게 일치하는 모습을 '그림자 스케이팅^{shadow skating}'이라고 부른다. 각 선수가 서로의 그림자라는 뜻이다. 어디를 가든 거의 같은 방식으로 살아가는 사람들을 볼 수 있다. 상상력이 부재한 탓에 집, 조경, 가구, 생활 방식 등이 모두 정형화돼 있다. 상상력을 발휘하려면 연료가 필요하다. 무에서 유를 창조할 수는 없다. 토머스 에디슨^{Thomas Edison}은 이렇게 말했다. "나는 스펀지다. 모든 것에 대한 답을 알고 싶다." 에디슨은 평생 수집한 방대한 정보를 바탕으로 놀랍도록 새로운 것들을 조합해냈다.

전구는 여러 요소를 더한 것이다. 좋은 아이디어나 나쁜 아이디어도 마찬가지다. 대부분의 사람들은 "**왜**"냐고 묻지 않는 실수를 범한다. 나는 왜 이 집에 살고 있을까? 왜 이런 삶을 살고 있을까? 왜 이 일을 할까? 왜 이런 보상이 주어진 것일까? 반드시 무언가를 바꿔야 하는 것은 아니지만, 자꾸 이유를 묻는 습관을 들인다면 적어도 각자의 취향에 맞는 삶을 살게 될 것이다. 이런 질문을 던지다 보면 원했던 삶을 살고 있지 않다는 사실을 깨달을 것이다. 현재의 삶은 주위에서 보는 삶이 반영돼 있을 뿐 아니라 결국 주변 사람들의 삶을 복합적으로 더해서 복제한 것이나 다름없기 때문이다.

개인적으로는 이런 질문이 우리 삶을 깊이 관통해야 한다고 생각한다. 가족과의 삶, 일과 여가, 소득의 형태로 주어지는 보상에서 이런 질문이 중요한 역할을 해야 한다. 가족과 보내는 시간은 행복하고 만족스러워야 한다. 여기서 우리는 무엇을 투입해야 할까? 상상력을 활용해 가족 관계에 의미와 매력, 사랑을 부여하고 있는가? 이는 시간이 흐를수록 더욱 풍부하고 의미심장해져야 하는 지속적인 과정이다.

당신의 집은 어떤가? 당신이 원하는 모습인가? 멘켄은 보통의 집은 공포라고 말한다. 이는 나쁜 취향을 반영해서라기보다는 그 어떤 취향도 반영하지 않았기 때문이다. 사람들은 스테이크를 중간 정도 굽기로 주문하는 경향이 있다. 인생도 그렇게 살아간다. 하지만 중간 정도로 살아가는 것은 지루하게 살아가는 것과 다르지 않다.

가족이나 친구는 우리 삶에서 가장 중요한 부분을 차지한다. 함께 인생을 공유할 이가 없다면 무언가를 성취한들 무슨 소용이겠는가? 특히 가족은 무엇보다 중요한 존재인 만큼 상상력을 불러일으키는 비옥한 토양이 된다. 가족은 자신뿐 아니라 배우자와 아이들에게도 상상력을 불러일으킨다. 가족을 위한 창의적인 사고 프로그램은 매우 재미있을 뿐 아니라 훌륭한 아이디어가 끝없이 샘솟는 원천이기도 하다. 모든 아이디어가 근본적으로 얼마나 단순한지 확인해야 한다. 가능하면 복잡한 것을 피해야 한다.

현실적으로 실현 가능하다면 하는 일에 약간의 상상력을 적용하기만 해도 얼마든지 원하는 것을 얻을 수 있다. 현재 인간이 하는 모든 일은 지금 널리 통용되는 방식대로 처리된다. 하지만 상상력을 적용하건 그렇지 않건 앞으로는 모든 일이 훨씬 나아질 것이다. 그럴 **가능성**이 있는 것이 아니라 **틀림없이** 그렇게 될 것이다. 업무상의 변화에 저항하는 사람은 발전을 방해하는 장애물과 같은 존재다. 그러나 새로 일을 맡은 사람은 대개 "여기에서는 원래 이렇게 일합니다"라는 말을 가장 먼저 듣는다.

어느 회사 대표는 "무엇이 됐건 작년과 동일한 방식으로 일한다면 우리는 구식이 돼버린다"라고 이야기했다. 물론 극단적인 일반화이지만 세심한 관심을 기울일 필요가 있다. 그리고 대부분 이 말은 진실이다.

무작정 따라 하는
인간의 습성

습관과 사고방식은 뿌리가 깊다. 변화가 곧 자유와 성취를 의미할 때조차 변화에 대처하는 것보다 기존의 습관과 사고방식을 따르는 것이 좀 더 쉽고 편안하게 느껴지기도 한다.

행렬털애벌레는 길게 줄지어 이동한다. 프랑스 곤충학자 장 앙리 파브르Jean-Henri Fabre는 한 무리의 행렬털애벌레를 커다란 화분 가장자리로 옮긴 뒤에 행렬의 선두 애벌레와 제일 뒤에 있는 애벌레의 꽁무니를 이었다. 한 무리의 행렬털애벌레는 시작이나 끝이 없는 원을 그리며 계속 빙글빙글 돌았다.

행렬털애벌레들은 놀라운 습관과 본능의 힘에 이끌려 무려 일주일 동안 밤낮으로 화분 주위를 빙글빙글 돌다가 지치고 굶주린 채 죽어버렸다. 원 바로 옆 눈에 잘 띄는 곳에 충분한 먹이가 있었지만 애벌레들은 먹이에 눈길도 주지 않고 가던 길을 따라 끝도 없이 돌았다.

사람들도 비슷한 방식으로 행동한다. 습관과 사고방식은 뿌리가 깊다. 변화가 곧 자유와 성취를 의미할 때조차 변화에 대처하는 것보다 기존의 습관과 사고방식을 따르는 것이 좀 더 쉽고 편안하게 느껴지기도 한다.

누군가가 "불이야!"라고 소리치면 일단 많은 사람이 이동하는 쪽으로 따라가게 된다. 이런 관성 때문에 목숨을 잃은 사람이 수없이 많다. 멈춰 서서 "이 방법이 정말 여기를 빠져나갈 최선일까?"라고 자문하는 사람이 얼마나 될까?

독립적으로 생각하고 직접 확인하는 것보다 훨씬 쉽고 편하다는 이유로 앞사람의 자격에 그 어떤 의문도 제기하지 않은 채 무작정 따라가다가 기회를 놓치는 사람이 너무도 많다.

먹이를 얻고 목숨을 건질 기회가 지척에 있는데도 화분 가장자리를 빙글빙글 돌았던 애벌레들처럼 다수의 사람들 역시 잘못된 선택을 할 수 있다는 사실을 제대로 이해하지 못한다. 사람들은 '대부분이 그렇게 살고 있다면 그 방법이 옳다'고 생각한다. 하지만 조금만 확인해보면 인류 내대수가 내부분의 것, 특히 중요한 것에 대해 잘못된 판단을 내렸다는 사실을 알 수 있다.

대부분의 사람은 오직 소수의 사람만이 인생에 대해, 풍요롭고 성공적인 삶에 대해 제대로 알고 있다는 사실을 이해하지 못한다. 악기

연주, 운동, 낚시, 테니스, 골프, 비즈니스, 결혼, 육아, 조경 등 어떤 일이든 성공적으로 해내려면 꾸준히 노력해야 하듯이, 인생의 성공 역시 저절로 찾아오지 않는다. 하지만 사람들은 행렬털애벌레처럼 앞사람이 성공적으로 살아갈 방법을 알고 있다는 암묵적인 가정을 철석같이 믿으며 가만히 앉아서 성공이 찾아오기를 기다린다.

가끔은 대열에서 이탈해 원하는 방향으로 가고 있는지 살펴보는 것이 좋다. 물론 대열 전체가 우리가 원하는 쪽으로 이동하는 일은 잘 일어나지 않는다.

창의적인 사람의 특징

창의적인 사람들은 대개 자신과 남들에게 도움이 되는 몇 가지 공통적인 태도와 기술을 갖추고 있다. 이를 바탕으로 창의적인 사람의 특징을 설명해보고자 한다.

설명을 들으면서 주변의 창의적인 사람을 떠올려보기 바란다. 언제, 어디에서 창의적인 사람을 만나본 적이 있는가? 같은 회사 사람인가, 이웃인가, 가족인가?

창의적인 사람의 특징을 자수 읽고 그늘의 기술과 태도를 송송 떠올리면 도움이 될 것이다. 그뿐 아니라, 그들을 꾸준히 따라 행동하면 좀 더 창의적이고 보람 있게 살 수 있다. 창의적인 사람의 이미지를 흉내내고 스스로 개선할 점을 판단해보는 것도 좋은 방법이다.

먼저, 창의적인 사람은 자신의 마음이 고갈되지 않는 창고라는 사실을 안다. 자신이 진정으로 원하는 것은 무엇이든 마음속에서 찾아낼 수 있다. 그러나 마음속에서 무언가를 끄집어내려면 정보와 생각, 지혜를 계속해서 쌓아나가야 한다. 창의적인 사람은 마음속에서 아이디어를 찾아내며 이는 문제를 해결하는 데 도움이 된다.

창의적인 사람은 목표를 꼼꼼하게 계획하고 명확하게 정의한다. 창의적인 사람은 자신이 어디로 가는지 정확히 알 뿐 아니라 그곳에 도달하겠다고 결정함으로써 자신의 일과와 일에 의미와 목적을 부여한다. 창의적인 사람은 '그저 표류하며' 시간을 낭비하지 않는다. 창의적인 사람은 항상 자신의 삶을 통제한다.

창의적인 사람은 훈련할수록 뇌가 강해진다는 사실을 잘 안다. 이 때문에 세 가지, 즉 자기 자신, 자신이 하는 말, 다른 사람에 대해서 창의적으로 생각하는 데 매일 일정한 시간을 투자한다. 그들은 이 세 가지와 관련된 질문을 자신에게 던짐으로써 세상에서 가장 풍부한 아이디어 금광을 탐사한다. 이에 대한 답은 보통 즉시 행동으로 옮길 수 있는 경우가 많다.

창의적인 사람은 아이디어를 얻으려고 애쓴다. 다른 사람의 마음을 존중하고, 그들의 지적 능력을 믿는다. 모든 사람은 저마다 아이디어를 품고 있다. 아이디어는 돈이 들지 않고 상당수는 훌륭하다. 창의적인 사람은 이런 아이디어에 남보다 먼저 귀를 기울인다. 무작정 평가하기보다는 편견과 편협함을 내려놓고 타인의 아이디어를 충분히 고민해본다. 그들은 이러한 노력으로 주변의 창의적인 '분위기'를 유지한다.

아이디어는 미끄러운 물고기와 같다. 인간에게서 도망치는 특별한 재주가 있는 것만 같다. 창의적인 사람은 머릿속에 떠오른 생각을 곧장 붙잡아두기 위해 항상 필기도구를 챙겨 다닌다. 그리고 아이디어가 떠오르면 바로 적는다. 그들은 하나의 훌륭한 생각으로 인생이 통째로 바뀐 사람이 많다는 사실을 잘 알고 있다.

이렇게 '붙잡은' 아이디어는 관심 주제별로 분류한 '아이디어 은행'에 저장해둔다. 아이디어 은행이란 가로 22센티미터, 세로 28센티미터 크기의 봉투를 말한다. 유명한 어느 작가는 각각의 봉투에 각 장의 이름을 적어둔다고 한다. 그런 다음, 아이디어나 새로운 소재가 떠오를 때마다 관련 봉투에 집어넣는다. 이런 과정을 거치다 보면 머지않아 책이 저절로 완성된다고 한다.

창의적인 사람은 인간에게 진심으로 관심이 있기 때문에 다른 사람이 이야기할 때 주의 깊게 듣는다. 보고 듣는 모든 것을 받아들이고 집중적으로 관찰하며 자신이 만나는 모든 사람이 "나는 이 세상에서 매우 중요한 사람입니다"라고 적힌 팻말을 들고 있는 것처럼 행동한다. 따라서 창의적인 사람은 항상 타인의 관심사를 염두에 두고 이야기한다. 이런 노력 덕에 영원히 몰랐을지도 모를 새로운 아이디어와 정보를 대거 얻게 된다.

창의적인 사람이 활용하는 매우 효과적인 두 가지 기술은 친구의 범위와 지식의 저변을 넓히는 것이다.

이런 사람들은 만약 자신이 묵고 있는 호텔에서 업무와 관련이 없는 행사가 열려도 즉시 참여해서 새로운 사람을 사귀고 도움이 될 만한 아이디어를 얻기 위해 귀를 기울일 것이다. 창의적인 사람은 항상 일과 인생을 좀 더 개선시킬 방법을 찾는다.

창의적인 사람은 성취를 기대하며 자신이 승리할 것을 생각한다. 이런 태도 덕에 평균 이상의 성과를 얻게 되고, 결국 주변 사람들에게 긍정적인 영향을 미친다. 다시 말해서, 창의적인 사람은 주변 모두에게 도움이 된다.

일반적으로 문제라고 여기는 것들 역시 창의적인 사람에게는 도전 과제일 뿐이다. 문제가 없으면 생각할 이유도 없기 때문이다. 문제를 삶의 한 부분으로 보고 환영하는 태도 덕분에 창의적인 사람은 평균 이상의 인간이 된다. 그들은 문제에 대해 걱정만 하는 태도가 시간 낭비에 불과하다고 보고 차라리 그 시간과 에너지를 문제 해결에 투입한다.

애초에 창의적인 사람은 문제의 소지를 예측하고 심각해지기 전에 조치를 취해 문제를 피할 수 있다. 많은 선도 기업의 연구개발 부서는 항상 이런 식으로 사전 계획 수립 활동을 한다.

창의적인 사람은 자기 자신과 아이디어를 아낌없이 나눠주는 것이 얼마나 중요한지 잘 알고 있다. 그들은 아이디어를 받기만 하는 것이 아니라 아낌없이 나눠준다. 가진 것을 베푸는 사람은 항상 무언가를 얻게 된다. 다른 사람을 위한 행동은 창의적인 삶의 방식에서 매우 중요하다.

창의적인 사람은 아이디어가 떠오르면 이를 개선하기 위해 여러 단계를 거친다. 새로운 방향으로 생각하고, 사소한 아이디어에서 원대한 아이디어를, 오래된 아이디어에서 새로운 아이디어를 발전시킬 뿐 아니라 여러 아이디어를 연결하고 더하고 수정하고 대체하고 확대하고 축소하고 재배치하고 뒤집는다.

이런 사람들은 소음, 피로, 불필요한 걱정, 불균형한 식단, 과식이나 과음, 부정적인 사람 등 정신을 피폐하게 하는 것들을 가까이하지 않는다.

창의적인 사람은 자아를 강화하고 마음을 여는 데 도움이 되는 정중하고 탐구적인 질문을 던진다. 질문은 지적 능력을 표출하는 창의적인 행동이다. 창의적인 사람은 모두에게 유익한 방식으로 질문을 자주 활용한다.

그뿐 아니라 창의적인 사람은 자투리 시간을 현명하게 사용한다. 또한 수많은 위대한 아이디어, 서적, 발명품이 창작자의 자투리 시간에 탄생했다는 사실을 잘 알고 있다. 모든 사람에게 주어진 시간은 똑같지만 창의적인 사람은 일분일초를 소중하게 여긴다.

당신의 가장 위대한 자산

창의적인 사람의 특징은 다음과 같다.

• 명확하게 정의된 목표
• 언제든 아이디어를 기록할 필기도구
• 상대방의 말을 경청하는 기술
• 날이 갈수록 확장되는 친구 관계와 폭넓은 지식 기반
• 승리할 수 있다는 기대
• 자신과 아이디어를 나눠주는 것이 매우 가치 있다는 신념
• 계속해서 아이디어를 개선하는 능력
• 시간을 현명하게 사용하는 능력

창의적인 사람의 원동력

창의적이고 생산적인 사람이 창의력과 생산성을 발휘하는 이유는 다른 사람을 위해서가 아니라 그래야 하기 때문이다. 이런 사람들은 무인도에 혼자 떨어져 자신이 무슨 일을 하는지 깨닫지도 못한 채 생산품을 커다란 더미로 쌓는 일만 반복하더라도 그 안에서 창의력과 생산성을 발휘할 것이다. 타인을 위해 봉사할 때 가장 행복하다고 이야기하는 사람을 본 적이 있을 것이다. 이들의 말은 사실이다. 이는 그들에게 대단한 이다심이 있어서가 아니라 누구나 창작의 기쁨을 느끼기 때문이다. 다른 사람에게 이익을 주는 것도 좋은 일이지만 이는 부차적인 것에 불과하다.

자신이 직접 만들어낸 무언가가 다른 사람에게 혜택과 기쁨이 된다면 그것만으로도 만족감을 얻을 수 있다. 그리고 좀 더 많은 것을 생산하고 싶어진다. 모든 사람이 자신의 창의적이거나 생산적인 노력을 계속해서 거부하면 시무룩해지고 심지어 분할 수도 있다. 한동안 모든 노력을 중단할지도 모른다. 하지만 결국 언젠가 누군가가 이 일의 가치를 알아봐주리라는 희망으로 다시 무언가를 만들어내게 된다.

이것이 바로 시대를 앞서간 화가들의 이야기다. 르누아르^{Auguste Renoir}는 대중뿐 아니라 다른 화가들로부터 비웃음을 사고 배척받았다. 현대인들은 그토록 훌륭하고 아름다운 르누아르의 그림이 멸시의 대상이었다는 사실에 놀라움을 감추지 못한다. 르누아르는 수천 장의 그림을 계속해서 그렸다. 르누아르가 그림 한 점을 들고 파리에서 매우 유명한 그림 교사를 찾아갔다. 교사는 르누아르의 작품을 유심히 쳐다보며 말했다. "자네는 스스로 재미를 느끼기 위해 물감을 갖고 노는 것 같군." 이 말을 들은 르누아르는 이렇게 답했다. "물론입니다. 그림으로 즐거움을 얻을 수 없다면 더는 그림을 그리지 않을 겁니다." 르누아르가 그린 모든 것이 그에게 기쁨이었기 때문에 르누아르는 모든 것을 그렸다.

심지어 마네^{Édouard Manet}도 모네^{Claude Monet}에게 이렇게 이야기했다. "르누아르는 그림에 재능이 전혀 없군. 자네는 르누아르의 친구이니 그림을 포기하도록 좋게 타일러보게." 당대 미술계의 인정을 받지 못한 화가들은 자신들의 권리를 찾기 위해 별도의 단체를 만들었다. 그 단체에 속한 화가들은 바로 역사상 가장 위대한 예술가로 꼽히는 드가

Edgar Degas, 피사로Camille Pissarro, 모네, 세잔Paul Cézanne, 르누아르였다. 이들은 세상이 완벽하게 거부했음에도 신념에 따라 예술의 꿈을 펼쳤다.

르누아르에 관한 이야기를 좀 더 해보자. 르누아르는 말년에 류머티즘으로 끔찍한 고통을 겪었다. 특히 손 마디의 고통이 심각했다. 마티스Henri Matisse는 붓질을 할 때마다 고통스러워하는 르누아르를 보며 물었다. "왜 계속 일을 하시는 거죠? 왜 자학하시는 겁니까?" 그러자 르누아르가 답했다. "고통은 지나가지만 아름다움을 창조하는 데서 오는 기쁨은 사라지지 않기 때문이라네." 상당한 명성과 성공을 거둔 일흔여덟 살 무렵, 르누아르는 "나는 여전히 발전하고 있다"고 말했다. 그리고 다음 날 세상을 떠났다.

이것이 바로 창의적이고 생산적인 사람의 특징이다. 이런 부류는 어떤 고통이나 문제가 있건 살아 있는 한 끝없이 발전하고, 배우고, 생산해낸다. 타인의 기쁨이나 만족을 위해서가 아니라 그럴 수밖에 없기 때문에, 기쁨과 만족을 얻기 위해 끝없이 무언가를 만들어낸다.

창의적인 사람이 가진
가장 가치 있는 도구

모든 사람의 마음속에는 제대로 이해하기만 한다면 커다란 도움이 되는 지식이 있다. 개방형 질문은 가장 효과적이고 유용한 정보를 대거 수집하는 데 도움이 된다. 개방형 질문을 던지면 우리가 그들의 아이디어, 의견, 생각을 듣고 싶어 한다는 사실을 알릴 수 있다.

창의적인 사람은 지적이고, 자신과 주변 사람들, 세상에 대해 호기심을 갖는다. 이런 호기심은 지적 능력이 뛰어난 사람의 영구적이고 확실한 특징 중 하나다.

질문은 지성을 드러내는 창의적인 행위다. 개방형 질문이란 단순히 '예'나 '아니오'로 답할 수 없는 질문이다. 개방형 질문은 '누가', '언제', '어디서', '무엇을', '어떻게', '왜', '어떤', '만약에' 같은 표현을 사용한 질문이다.

러디어드 키플링$^{Rudyard\ Kipling}$은 이렇게 표현했다.

> **내게는 여섯 명의 정직한 하인이 있다.**
>
> **(그들이 내가 아는 모든 것을 가르쳤다.)**
>
> **그들의 이름은 '누가', '언제', '어디서', '무엇을', '어떻게', '왜'다.**
>
> **여기에 '어떤'과 '만약에'만 추가하면 된다.**

전혀 새로운 이야기가 아니다. 어린 시절에는 누구나 여섯 하인을 잘 활용한다. 네다섯 살 난 아이가 "왜요?"라는 말을 얼마나 많이 사용하는지 헤아려본 적이 있는가? 아이는 지식이 제한적이기에 새로운 정보를 추가하기 위해 끊임없이 질문을 던진다. 아이의 끝없는 질문에 어른이 인내심을 잃어버리면, 아이는 다른 방법을 찾거나 질문 자체를 관둬버린다. 이러면 나중에 필요로 하게 될 소중한 도구인 개방형 질문을 도외시하게 된다.

이제 성인인 우리는 모든 사람의 마음속에는 제대로 이해하기만 하면 많은 도움이 되는 지식이 있다는 사실을 잘 안다. 개방형 질문은 사람의 마음을 여는 데 커다란 도움이 된다. 일반적으로 개방형 질문을 던지면 정보를 파악하지 못하도록 방해하는 상벽을 제거할 수 있다.

인간은 누구나 관심 있는 주제에 관해 이야기하는 것을 좋아한다. 개방형 질문은 상대에게 아이디어와 의견, 생각을 듣고 싶어 한다는 사실을 알려준다. 사람에게는 두 개의 귀와 하나의 입이 있다. 말하는 것보다 적어도 두 배 이상을 들으라는 의미다. "말하는 동안에는 아무것도 배울 수 없다"라는 말도 있다.

하지만 개방형 질문의 목적은 단순히 다른 사람들의 말을 끌어내는 것이 아니다. 도움이 되는 말을 거의 하지 않는 사람들과도 얼마든지 함께 수다를 떨 수 있다. 무작정 떠드는 것이 아니라 정보를 수집하고, 받아들이고, 활용해 우리가 관심을 두고 있을 뿐 아니라 성공하기 바라는 분야에서 발전해나가는 것이다. 동시에 개방형 질문은 친구를 사귀고, 성공적으로 인간관계를 맺고, 아이디어를 전달하는 데 가장 도움이 되는 방법이기도 하다. 이상하게도 더 많이 들을수록 대화를 더 잘하는 사람처럼 보인다.

미국에서 가장 뛰어난 기자 중 한 사람은 이런 목적 있는 질문을 던지는 본보기였다. 그는 매우 현명하고도 도발적인 질문을 던져서 거의 매번 세계 정상과의 독점 인터뷰를 따냈다. 그는 그 질문들 덕에 대형 언론사의 최고 경영자 자리까지 올라갔다.

개방형 질문은 사업가에게도 유용하다. 예를 들어, 당신과 다른 지역에서 회사를 운영하는 스미스 씨를 만났다고 가정해보자. 흔한 날씨 이야기를 건네는 대신 "스미스 씨, 어떻게 이 일을 시작하게 되었나요?"라고 물어볼 수 있다. 스미스 씨는 사업가로서 어느 정도 성공을 거둔 사람이기 때문에 이런 질문에 도움이 될 만한 정보를 줄 가능성이 매우 크다.

한 뛰어난 영업사원은 잠재 고객과 대화할 때 개방형 질문을 던져

원하는 정보를 얻는다. "우리는 세계 최고의 제품을 만듭니다"라고 소개하는 대신 "제품을 구매할 때 어떤 기능을 가장 중요하게 생각하십니까?"라고 묻는다. 상대방의 공격적인 태도를 누그러뜨리고 당신에게 유리한 이야기를 하도록 만드는 방법이다. 이 방법은 머릿속에 떠오른 말을 툭툭 내뱉기보다 무슨 말을 할지 고민하는 사람에게 효과적이다.

진실되고 정중한 태도로 개방형 질문을 던져야 한다. 현명하고 예의 바르게 활용한다면 이 방법이 가장 유용하고 창의적인 기법이라는 사실을 금세 깨닫게 될 것이다.

이를 연습하는 가장 좋은 방법은 자기 자신에게 몇 가지 질문을 던져보는 것이다. 자신에게 다음과 같은 질문을 해보자.

- 누가 내 일에 대해 나보다 잘 알까?
- 그는 알지만 나는 알지 못하는 것을 배우려면 무엇을 해야 할까?
- 내 일을 왜 이런 방식으로 해야 할까?
- 좀 더 나은 방법은 무엇일까?

천천히 이런 질문에 대해 고민해보자. 고민해서 찾아낸 답, 즉 사실과 정보가 당신의 삶을 매우 흥미롭고 보람차게 만들 수 있다.

다른 사람과 대화할 때는 개방형 질문을 많이 던지자. 개방형 질문은 당신이 활용할 수 있는 가장 가치 있고 창의적인 도구다.

창의성을 높이기 위한 사고 기법

문제를 해결하고, 의사 결정을 내리고, 목표를 달성하고, 좀 더 잘 생각하기 위해 창의력을 더욱 효과적으로 활용할 수 있도록 도움이 되는 몇 가지 방법을 소개한다.

먼저 연상 기법을 활용해보자. 예컨대 이름을 좀 더 잘 기억하기 위해 익숙한 사물이나 단어와 연관시킨다. 또 다른 예로 키워드와 연상 목록 기법이 있다. 키워드 기법은 여러 아이디어를 기억하려는 사람들이 활용하는 방법이다. 아이디어와 관련된 여러 단어의 첫 글자를 조합해 간단한 키워드를 만드는 방식이다. 이 경우, 키워드를 기억하면 아이디어 전체를 떠올릴 수 있다. 연상 목록 기법은 기억 전문가들이 방대한 목록을 기억하기 위해 활용한다. 이를 활용하는 전문가들은 각 항목을 이전에 기억한 목록에 있는 또 다른 목록과 연결짓는다. 창의적인 사람은 끊임없이 아이디어를 연결하고 연관 관계를 찾는다.

다음은 조합이다. 자연 속에 존재하는 거의 모든 것은 여러 요소가 조합하여 생겨났다. 당신 역시 많은 것들의 조합이다. 과학자들은 인간의 몸을 구성하는 수소 원자에 담긴 에너지를 활용하면 미국 전역에 필요한 에너지를 약 일주일 동안 공급할 수 있다는 계산을 내놓았다. 미국 화학회사 듀폰의 어느 과학자에 따르면 우리 몸을 구성하는 원자에는 0.5킬로그램당 1,100만 킬로와트시 이상의 잠재 에너지가 포함돼 있다.

연필은 나무, 흑연, 고무, 페인트, 금속이 조합된 물체다. 추가로 몇 가지 예를 들어보자면, 햄에그, 바닐라 아이스크림을 얹은 파이, 라디오와 텔레비전과 영화를 모두 더한 결합 상품, 극초단파 전화 중계국과 궤도를 도는 위성을 결합한 상품도 마찬가지다. 누군가가 코미디와 음악을 더해보았고, 그 결과 뮤지컬 코미디가 탄생했다.

새롭게 조합시킬 방법을 찾아보면 정말 멋진 아이디어를 떠올릴 수 있다. 하루 동안 보고, 듣고, 만지고, 맛보고, 냄새 맡는 모든 것이 새로운 조합을 떠올릴 기회가 된다. 양치질을 하면서 손잡이에 치약이 들어 있는 칫솔을 떠올릴 수도 있다. 혹은 하루를 올바르게 시작하도록 상기시켜주는 문구를 거울에 적어넣는 방법도 있다. "어떻게 하면 좀 더 나은 서비스를 제공할 수 있을까?"라는 문구도 좋고 "오늘은 내게 주어진 유일한 시간이다. 잘 활용하자"라는 문구도 괜찮다. 이미 존재하는 것에다가 무언가를 조합해보자.

그다음은 개조에 대해 생각해보자. 원래 마대 자루를 만드는 데 사용됐던 튼튼한 갈색 천은 개조를 거쳐 커튼이나 벽지, 우아한 옷으로 재탄생했다. 원래 비행기에서 사용됐던 안전벨트는 고속도로 주행의 안전성을 높이기 위해 자동차용으로 개조됐다. 마찬가지로, 녹음기와 영화는 원래 오락용으로 개발됐지만 지금은 학습과 교육을 위해서도 사용된다. 또한 미사일 발사를 위해 개발됐던 로켓 엔진은 개조를 통해 궤도 비행 및 행성 간 운행이라는 평화적인 목적으로 사용되고 있다. 사람들은 앞으로도 수천 달러의 가치가 있는 아이디어와 개조 방안을 생각해낼 것이다. 당신이 그중 한 사람이 되지 못할 이유가 있을까? 기존의 제품을 새로운 용도로 바꾸고 기존의 방법을 새롭게 응용하지 못하도록 막는 유일한 한계는 상상력뿐이다.

다음은 대체를 떠올려보자. 사용 중인 재료나 물건을 다른 재료나 물건으로 대체할 수 있을지 자문해보는 것이다. 예를 들어, 플라스틱은 나무와 금속의 대체재로 사용된다. 알루미늄은 다른 금속을, 스테인리스 스틸은 크롬을, 트랜지스터는 진공관을 대체한다. 거실이나 서재에 일반적인 벽지 대신 오래된 느낌이 나도록 가공한 나무판자를 붙여 극적이고 낯선 분위기를 연출할 수도 있다. 간단하게 이야기하자면, 지금껏 계속 사용되었다고 해서 지금도 사용해야 한다고 가정해서는 안 된다. 얼마든지 좀 더 낫거나, 오래가거나, 비용이 덜 들거나, 가벼운 다채로운 대안이 있을 수 있다. 그러니 대체 방안을 생각해보자.

이번에는 확대를 생각해보자. 크게 생각해야 한다! 예를 들면, 고층 건물, 미 국방부 건물, 대형 탄산음료, 대형 벌크 상품 등을 떠올릴 수 있다. 어떤 것을 좀 더 크게 만들어볼 수 있을까?

반대로 축소 방안을 생각해보는 것도 좋다. 이번에는 줄이는 것이다! 예를 들면, 태양 전지, 트랜지스터, 소형차, 주머니에 쏙 들어가는 소형 라디오, 소형 휴대용 텔레비전 세트, 소포장 식품 등을 떠올려볼 수 있다. 비키니는 어떤가? 무언가를 줄이는 정말로 멋진 방법 아닌가?

발상의 전환을 위해 재배치도 고려해야 한다. 다시 말해서 생각의 방향을 바꾸거나, 반대로 돌리거나, 거꾸로 놓거나, 안팎으로 뒤집어야 한다. 한 가지 흥미로운 사례로 여성용 코트 안쪽에 밍크를 넣는 아이디어를 들 수 있다. 긴 밍크코트의 보온성과 이런 옷이 상징하는 사치스러움과 사회적 지위를 캐주얼 코트에 담아낸 것이다! 사실 생각해보면 밍크코트의 안팎을 뒤집은 것에 불과했다.

또 다른 좋은 예로 골조가 외부에 있는 건물을 들 수 있다. 이런 건물의 내부는 외부 골조에 매달린 형태를 띤다. 곤충의 뼈대는 바깥으로 노출돼 있고 인간의 뼈대는 신체 내부에 있다. 두 가지 방식 모두 잘 작동한다. 당신은 이러한 사고를 활용하고 있는가? 당신은 무엇을 바꾸고 혁신할 수 있는가?

무엇이든 재배치하고, 속도를 바꾸고, 순서를 고치고, 색깔, 동작, 타이밍, 소리, 냄새, 맛, 형태, 모양 등을 수정해보자. 이런 생각은 누구에게나 도움이 된다. 영업사원들은 제품이나 서비스의 새로운 용도, 고객에게 돌아갈 혜택을 강조하는 새로운 방법, 고객 문제 해결을 위한 새로운 아이디어, 시간과 노력을 활용할 좀 더 나은 방법을 찾기 위해 이와 같은 창의적인 기법에 관심을 둔다.

요약하자면, 마음을 자극해 새로운 행동에 박차를 가하고 싶다면 결합, 연상, 개조, 대체, 확대, 축소, 재배치를 고려하자.

이와 같은 일곱 가지 방식으로 생각하려고 애쓰다 보면(말 그대로 억지로 애쓰다 보면) 아마 놀라울 만큼 멋진 아이디어를 떠올리게 될 것이다. 물론 처음에는 부단한 노력이 필요하겠지만 머지않아 이런 생각이 자연스러워질 것이다. 그러면 정신력이 높아지고 두뇌를 좀 더 적극적으로 활용할 수 있게 된다. 인간의 마음은 다양한 일을 해낼 수 있을 뿐 아니라 무한한 능력이 있다. 이를 잘 활용해야 하며 어떤 것도 당연하게 여겨서는 안 된다. 모든 것은 변화되고 개선될 수 있으며 또 그럴 것이다. 확실한 것은 변화뿐이다. 변화를 기다려서는 안 된다. 앞장서서 주도해야 한다.

CHAPTER 6

창의력을 이용한
문제 해결

수평적 사고를 활용해
창의적으로
문제를 해결하라

당신이 얼마나 유연하게 사고하는지 확인하는 데 도움이 될 만한 이야기를 들려주려 한다.

오래전, 런던의 한 상인이 심술궂은 고리대금업자에게 많은 돈을 빌렸다. 늙고 추악한 고리대금업자는 상인의 예쁘고 어린 딸을 탐냈다. 고리대금업자는 딸을 자신에게 내어주면 빚을 탕감해주겠다는 거래를 제안했다.

그 제안을 들을 상인과 딸은 몸서리쳤다. 그러자 고리대금업자는 하늘의 뜻에 따라 결정하자고 제안했다. 텅 빈 주머니에 검은색 돌멩이와 하얀색 돌멩이를 집어넣은 다음, 상인의 딸에게 둘 중 하나를 꺼내게 하자는 것이었다. 만약 상인의 딸이 검은색 돌멩이를 집으면 고리대금업자가 상인의 딸을 아내로 맞은 후 상인의 부채를 탕감해주고, 하얀색 돌멩이를 집으면 빚만 탕감해주는 조건이었다. 만약 돌멩이를 아예 선택하지 않으면 상인은 감옥에 갇히고 딸은 굶주릴 터였다.

상인은 마지못해 동의했다. 세 사람은 작은 돌멩이가 잔뜩 흩어진 상인의 집 마당에서 대화를 나누고 있었다. 고리대금업자는 허리를 숙여 돌멩이 두 개를 주웠다. 잔뜩 겁에 질린 상태였으나 예리한 눈으로 상황을 지켜보던 딸은 고리대금업자가 검은 돌멩이 두 개를 주머니 속에 집어넣었다는 사실을 알아챘다. 하늘의 뜻에 따라 결정할 마음이 전혀 없었던 것이다. 고리대금업자는 딸에게 돌멩이를 꺼내라고 했다.

당신이 지금 상인의 집 마당에 서 있다고 상상해보자. 만약 당신이 상인의 딸이라면 어떻게 하겠는가? 당신이라면 상인의 딸에게 어떤 조언을 해주겠는가? 문제 해결을 위해 어떤 유형의 사고를 하겠는가? 신중하고 논리적인 분석이 문제 해결에 도움이 되리라고 생각할 수도 있다. 이는 직접적이고 수직적인 사고다. 또 다른 사고 유형으로는 수평적 사고가 있다.

먼저 수직적 사고에 따라 상인의 딸이 처한 상황을 보면 세 가지 가능성이 있다. 첫째, 딸이 돌멩이 선택을 거부할 수 있다. 둘째, 딸이 주머니 속에 두 개의 검은 돌이 있음을 증명해 보이고 고리대금업자가 사기꾼이라는 사실을 폭로할 수 있다. 셋째, 딸이 검은 돌멩이를 집어 드는 희생으로 아버지를 살릴 수 있다.

수직적 사고는 딸에게 별다른 도움이 되지 않는다. 셋 가운데 그 어떤 방법도 그다지 유익하지 않다. 돌멩이를 집어 들면 딸은 고리대금업자와 결혼해야 하고, 꺼내지 않으면 아버지가 감옥에 가게 된다.

현명한 딸은 어떻게 대처했을까? 주머니 속에 손을 넣어 돌멩이를 하나 꺼냈다. 그러고는 다른 돌멩이가 무수히 많은 바닥으로 슬쩍 떨어뜨렸다. 딸은 이렇게 말했다. "어머, 제가 실수로 돌멩이를 놓쳤네요. 하지만 괜찮아요. 주머니 속에 남은 돌멩이의 색깔을 확인하면 제가 어떤 색을 집었는지 아실 테니까요."

물론 남아 있는 돌멩이는 검은색일 테다. 고리대금업자는 자신이 속임수를 썼다는 사실을 밝힐 수 없으니 꺼낸 돌멩이가 흰색이라고 가정해야 한다.

이것이 바로 수평적 사고다. 수평적 사고는 문제 해결뿐 아니라 상황 개선에도 도움이 된다.

정말 시급한 문제라 해도 대개 해답은 가까이에서 찾을 수 있다. 이는 잘 알려진 사실이지만 항상 놀랍게 느껴진다(물론 그 답은 인간이 해결할 수 있는 영역 내여야 한다). 하지만 그런 해답을 찾으려면 남다른 통찰력이 필요하다.

이것은 지하도에 끼어서 갇혀버린 큰 트럭 이야기와 비슷하다. 그들이 당황하며 어쩔 줄 몰라 하고 있을 때 이를 보고 있던 한 아이가 바퀴에서 바람을 약간 빼자고 제안했다. 까다로운 문제를 해결할 아주 단순하고 명백한 해결책이었다. 다른 유형의 사고, 즉 새로운 방향으로 생각하는 수평적 사고가 필요하다. 누군가는 이것이 바로 천재의 정의라고 이야기했다.

수평적 사고는 너무도 단순해서 대개는 "내가 왜 그런 방법을 생각 못 했지?"라거나 "너무 뻔한 답인데?"라는 반응을 끌어낸다. 그러나 답이 뻔하게 느껴지는 것은 이미 다른 누군가가 답을 찾아냈기 때문이다.

바닷가에 누워 내리쬐는 햇살 아래에서 좋은 책을 읽으며 라디오 듣는 것을 매우 좋아하는 한 친구가 있다. 어느 해 크리스마스에 그는 아주 훌륭한 휴대용 라디오를 선물받았다. 친구는 라디오에 모래가 들어가 망가질까 봐 걱정했다. 열한 살 난 그의 아들이 비닐 주머니 안에 라디오를 넣고 윗부분을 묶으라고 이야기했다. 그렇게 하면 모래도 막고 원하는 대로 다이얼을 돌리고 기계를 조정할 수도 있다. 그뿐 아니라 비닐이 얇기 때문에 라디오 소리 역시 잘 흘러나왔다.

좀 더 심각하고 중요한 문제 역시 모래사장에서 라디오를 듣는 것과 같은 단순한 방법으로 해결할 수 있다. 앞서 모든 문제에 대한 해결책은 너무도 가까이 있어서 손을 뻗기만 하면 얼마든지 닿을 수 있다고 했다. 하지만 수평적이고 창의적인 사고를 하기 전까지는 해결책을 찾지 못할지도 모른다.

성인이 특별히 훈련하는 경우가 아니라면 대개 아이들이 어른들보다 수평적 사고에 좀 더 능숙하다. 또한 수평적 사고를 하는 요령이나 수평적 사고가 좀 더 적절하다는 사실을 **다시 배울** 수도 있다. 따분한 어른이 돼버린 탓에 상상력과 창의력이 거의 사라졌지만, 우리도 한때는 매우 창의력이 넘치는 아이들이었다.

전자제품을 생산하는 어느 대기업 경영진은 아무리 노력해도 생산 문제가 해결되지 않아 몇 달 동안 골머리를 앓았다. 경영진은 절박한 심정으로 문제의 생산 라인에 있던 직원 아홉 명에게 도움을 요청했다. 그들은 단 일주일 만에 문제를 해결해 제품 생산 비용을 대폭 줄였다. 어떻게 된 일일까? 지금껏 그 누구도 해당 직원들에게 '생각할 수 있는 최상의 방법을 사용하라'고 이야기하지 않았기 때문이다. 그들이 계속 기존의 방식을 따랐던 것은 그렇게 하라는 상부의 지시 때문이었다. 문제 해결 방안을 찾고 있다면 같은 방식으로 접근해보자 (현재 실업 상태가 아니라면 누구나 문제 해결이 필요한 일을 하고 있을 것이다).

전문직 종사자들은 창의적이고 수평적인 사고를 하기가 특히 어렵다. 교육 과정에서 철저하게 길들어졌기 때문이다. 전문직 종사자들은 항상 무엇을 해야 하는지, 어떻게 일을 처리해야 하는지만 공부해왔다. 이들은 주어진 일을 좀 더 잘 해내라는 요구를 받은 적이 없다.

브레인스토밍

문제 해결, 의사 결정, 목표 달성은 여러 가지 측면에서 닮은 점이 많다. 반드시 내려야 하는 결정은 해결 방안이 필요한 문제와 다르지 않다. 그냥 간단한 문제라고 불러도 괜찮다. 차이점이 있다면 결정을 내릴 때는 두세 가지 대안 중에서 선택해야 하는 경우가 드물지만, 문제를 해결할 때는 가능성의 목록이 끝없이 이어지는 것처럼 보인다는 것이다. 그렇다면 목표 달성은 어떨까? 목표는 도달하려는 지점이고 문제는 현재 위치에서 나아가려는 지점으로 이동하는 것이다. 결국 문제 해결, 의사 결정, 목표 달성은 모두 창의적인 사고와 밀접하게 관련돼 있다.

창의적인 문제 해결을 위한 첫 단계는 문제를 정의하는 것이다. 해결책을 찾기 전에 항상 문제를 제대로 파악해야 한다.

두 번째 단계는 문제에 대해 알고 있는 모든 것을 적는 것이다. 필요한 정보는 다양한 경로로 얻을 수 있다. 경험으로 쌓은 정보일 수도 있고, 배경지식이나 책에서 얻을 수도 있고, 문제와 관련된 분야에 대해 잘 아는 동료가 알려주기도 한다.

세 번째 단계는 누구의 도움을 받을지 결정해야 한다는 것이다. 해당 문제의 권위자나 조직의 이름을 나열해보자. 도움을 줄 수 있는 사람을 파악한 후 대화를 나누고 필요한 모든 정보를 수집하자.

네 번째 단계는 문제와 밀접하게 관련된 모든 사항을 적는 것이다. 최고의 해결책을 찾는 데 도움이 될 만한 것들을 절대 잊어버려서는 안 된다.

다섯 번째 단계는 개인 관념화individual ideation다. 다시 말해, 개인 차원의 브레인스토밍 혹은 판단의 브레이크를 끈 상태에서 이뤄지는 생각이다. 이때 어떤 아이디어가 좋거나 나쁜지 판단해서는 안 된다. 아이디어가 떠오르는 순간 그냥 적는다. 선택과 평가는 나중에 하면 된다. 지금은 그저 많은 아이디어를 떠올리기만 해보자.

브레인스토밍을 원한다면 네 가지 규칙을 기억하자. 첫째, 부정적인 생각은 금물이다. 둘째, 아이디어는 엉뚱할수록 좋다. 셋째, 반드시 많은 아이디어를 떠올려야 한다. 넷째, 아이디어를 조합하고 개선하기 위해 노력해야 한다.

하나의 아이디어가 좀 더 나은 또 다른 아이디어로 이어질 때도 많다. 아이디어가 억지스럽거나 터무니없더라도 거부하거나 걱정할 필요가 없다. 되도록 모든 아이디어를 찾아내려고 노력해야 한다. 떠오르는 모든 생각을 붙잡아 글로 적어보자!

그런 다음 다른 사람들과 함께 브레인스토밍을 해보자. 그룹 브레인스토밍은 남들의 생각을 모아 문제를 해결할 기회다. 개인 관념화 과정과 같은 방식으로 그룹 브레인스토밍을 진행해야 한다. 부정적인 생각은 금물이며, 브레인스토밍 단계에서는 어떤 비판도 해서는 안 된다. 아이디어가 엉뚱할수록 좋다. 가능한 한 많은 아이디어를 확보하고 조합 및 개선할 수 있도록 노력하자. 사람들의 모든 아이디어를 적어둬야 한다.

모두 적었다면 각 아이디어가 얼마나 효과적이고 실행하기 쉬운지 평가해보자. 효과의 범위는 '매우 효과적', '효과적일 것으로 보임', '효과가 의심됨' 등으로 나눌 수 있고, 실행의 용이성은 '쉬움', '그다지 쉽지 않음', '어려움' 등으로 나눌 수 있다. 이런 식으로 아이디어를 나누면 각 해결 방안의 성공 가능성을 명확하게 나타낼 수 있다. 물론 '매우 효과적'이고 실행하기가 '쉬운' 아이디어를 가장 먼저 고려하는 것이 좋다.

당신이 제조업체를 운영한다고 가정해보자. 영업마케팅팀이 브레인스토밍을 통해 매출 개선 아이디어를 내놓았는데, 그중 하나가 판매 중인 제품을 완전히 개조하는 것이다. 이 아이디어를 효과의 측면에서 평가해보자. 현재 판매 중인 제품은 소비자의 욕구를 충족시키고 있다. 그렇다면 완전히 달라진 제품은 어떨까? 여러 차례 마케팅 테스트를 거쳐 실제 제품을 생산해보지 않는다면 이 아이디어가 판매 증가에 얼마나 효과적일지 판단하기 어렵다. 이런 경우에는 '효과가 의심됨'이라고 평가해야 한다.

또한 하나의 제품을 완전히 개조하는 것이 용이성의 측면에서는 '쉬움', '그다지 쉽지 않음', '어려움' 중 어디에 해당하는지 판단해야 한다. 곰곰이 생각해보면 '어려움'에 해당할 수도 있다. 그렇지 않은가? 하나의 제품을 완전히 개조하려면 새로운 엔지니어링, 새로운 도구, 새로운 제조 계획, 새로운 포장, 새로운 마케팅 방법이 필요하다.

하지만 어느 영업사원이 해당 제품을 알리기 위해 방송 광고 방안을 내놓았다고 가정해보자. 이 방법은 '효과적일 것으로 보임'과 '그다지 쉽지 않음'으로 분류될 수도 있다. 하지만 시도해볼 만하다.

누군가가 문제의 최전선에 서 있는 사람들, 즉 영업사원들을 직접 겨냥한 새로운 동기 부여 프로그램이나 판매 인센티브 프로그램을 진행하자는 아이디어를 내놓았다고 생각해보자. 만약 계획을 잘 세우고 실행하면 이 프로그램은 '매우 효과적'일 가능성이 크다. 또한 실행 측면에서 이 아이디어는 '쉬움'에 해당한다. 이 경우에는 실행한다면 회사 매출이 올라간다.

다른 평가 기준도 있다. 시간과 비용을 기준으로 아이디어를 평가해보는 것이다. 예를 들면, 매출 증가를 바라는 제조업체가 제품을 수정하려면 많은 시간과 비용이 소요된다. 인기 있는 방송 프로그램에 해당 제품을 광고하는 방안 역시 상당한 비용이 든다. 반면, 새로운 동기 부여 프로그램이나 판매 인센티브 프로그램을 도입하는 방안은 상대적으로 비용이나 시간이 많이 들지 않는다.

아이디어는 효과, 용이성, 시간, 비용이라는 네 가지 기준에 따라 평가해야 한다. 떠오르는 모든 아이디어가 창의적으로 실행할 만한 가치가 있는 것은 아니기 때문에 요령 있게 평가해야 한다. 하지만 아이디어를 신중하게 평가했다면 이제 행동에 돌입해야 한다.

아이디어를 실행 계획으로 발전시켰다면 누가 담당할지, 언제 실행할지, 시작할지 시작하지 않을지, 어떻게 할지 결정해야 한다. 이런 것들 역시 중요한 고려 사항이다.

이때는 마감 기한을 정해야 한다. 그래야 가장 열심히, 효율적으로 일한다. 해결 방안을 실행에 옮길 날짜를 기록해두자. 새로운 아이디어를 소개할 때 타이밍이 중요한 경우가 굉장히 많다. 전체적인 상황을 고려해서 마감일을 신중하게 결정해야 한다. 두 번째 실행 후 문제 해결 날짜를 적어두는 것도 좋다.

앞서 문제 해결, 의사 결정, 목표 달성에 관해서 설명했던 내용을 기억하는가? 이 셋 사이에는 공통점이 많으므로 모두 비슷한 방식으로 공략할 수 있다.

얼마나 심각하거나 복잡하건 모든 문제에는 해결 방안이 있다. 이 방안을 찾기만 하면 된다!

직관력의 힘

수용적이고 열린 마음으로 오랫동안 열심히 문제를 고민하면 상상하기 어려울 정도의 에너지와 힘을 쏟아붓게 된다. 까다로운 문제를 놓고 몇 주씩 고민하다가 긴장을 풀고 편안하게 시간을 보내는 중에 완벽하고, 단순하고, 아름다운 해답이 갑자기 떠오르는 경우가 많다.

월리스 하먼Willis Harman 박사가 들려준 이야기다. 하이테크 기업 사장이던 그의 친구는 과학 부서 직원들과 함께 몇 주 동안 까다로운 기술 문제를 풀려고 애썼다. 어느 일요일 오후, 거실에 앉아 회사 내에 이 문제를 해결할 사람이 없다는 사실 때문에 골머리를 앓던 그 친구의 귀에 "그럼 이건 어때?"라는 목소리가 들려왔다. 그다음 그가 그토록 바라던 기술적인 발전을 구현한 삼차원 모델이 나타났다.

그는 당장 종이에 머릿속에 떠오른 모델을 그리기 시작했다. 전면 스케치를 끝내자 측면을 그렸다. 측면도 스케치가 완성되자 삼차원 모델이 통째로 뒤집힌 윗부분을 볼 수 있었다.

그는 그 스케치를 회사로 들고 가 고위급 설계 엔지니어에게 보여 줬다. 설계 엔지니어는 어디에서 이런 아이디어를 얻었는지 물었다. 대표는 조심스레 거실에서의 일을 들려줬다. 엔지니어는 함박웃음을 지으며 말했다. "저도 항상 그렇게 아이디어를 얻습니다."

하먼 박사는 신비로운 방식으로 최고의 건축 설계도를 그려낸 건축가에 관한 이야기도 들려줬다. 건축가는 필요한 정보를 모두 머릿속에 집어넣은 후 며칠 동안 프로젝트에 대해 고민했다. 그러다 보면 예기치 못한 순간에 이미 완성된 스케치가 너무도 선명하고 구체적으로 머릿속에 떠오르곤 했다. 건축가는 머릿속의 스케치를 그대로 옮기기만 했다. 운전을 하다가 자동차 전면 유리에 설계 아이디어가 떠오른 적도 있었다.

하먼 박사는 질문에 대한 답을 알려주는 이 기묘한 원천을 "창의적이고 직관적인 깊은 마음"이라고 부른다. 이 깊은 마음을 믿지 않는 사람은 이를 활용할 수 없다. 깊은 마음의 존재를 어느 정도 믿느냐에 따라 활용의 깊이가 달라진다. 전폭적으로 믿을수록 더 잘 활용할 수 있다.

과학 분야에서 있었던 거의 모든 위대한 발전은 창의적인 과정에서 나타난 직관적인 도약이었다. 다시 말해서, 은밀하게 진행된 놀라운 문제 해결 과정이 과학 분야를 발전시켰다.

대부분은 다른 사람의 이름을 기억하려고 애쓰는 과정에서 이런 시스템이 작동한다. 잊힌 이름을 기억하려고 애쓸수록 점점 더 기억나지 않는다. 그러다가 기억하려는 노력을 멈추고 편안한 마음으로 다른 일을 하다 보면 어느새 이름이 머릿속에 떠오른다.

대다수는 잊힌 이름을 기억해내는 바로 그 시스템이 자신들이 원하거나 필요로 하는 대부분의 것을 기억하는 데 도움을 준다는 사실을 깨닫지 못한다.

나는 평생 질문에 대한 해답을 주는 이 창의적인 원천을 활용해왔다. 집단적인 직관collective intuition이라고 불러도 좋고, 무의식이라고 불러도 괜찮다. 무엇이라고 부르든 상관없다. 어떤 이름이든 붙여주고, 활용하고, 믿자.

당신의 가장 위대한 자산

✦

브레인스토밍의 단계를 기억하자.

●

문제를 정의한다.

●

문제에 대해 알고 있는 모든 것을 적는다.

●

누구의 도움을 받을지 결정한다.

●

문제와 관련 있는 모든 것을 적는다.

●

혼자서 브레인스토밍하거나 관념화하는 시간을 갖는다.

●

그룹 브레인스토밍을 고려한다.

●

효과와 용이성, 시간과 비용을 기준으로
아이디어를 분류한다.

●

아이디어를 평가하고 행동에 옮긴다.

●

실행 계획을 수립한다.

●

계획을 행동으로 옮길 날짜와 마감일을 정한다.

상상력을 키우는 방법

조직 내에서 새로운 아이디어를 찾는다면 장담하건대 인기를 얻기 어려울 것이다. 하지만 이는 쇄신과 성장을 위한 유일한 방법이다. 조직 최상부에서부터 최하단까지, 누구나 새로운 아이디어를 거부한다. 오래된 조직일수록 특히 그렇다. 새로운 아이디어를 추구하는 것은 외로운 일이다. 하지만 좋은 아이디어라는 믿음과 이를 실행하면 상당한 이익을 얻을 수 있다는 확실한 증거가 있고, 궁극적으로 봤을 때 아이디어 테스트에 수반되는 비용과 혼란을 감당할 만하다면 끝까지 싸워야 한다. 가능한 한 이 과정을 외교적으로 진행하고, 적을 적게 만들되 아이디어에 대한 믿음이 있다면 끝까지 밀어붙여야 한다.

사람들은 원래 모든 좋은 아이디어를 방해한다. 특히 다른 사람의 아이디어는 적극적으로 환영하지 않는다. 좋은 아이디어를 냈다가 조직에서 해고당하는 일도 생긴다. 하지만 일자리보다는 아이디어가 중요하다. 좋은 아이디어가 있다면 얼마든지 독립할 수 있기 때문이다. 성공할 방법은 얼마든지 찾을 수 있다. 한 친구는 아이디어를 냈지만 도무지 이사회의 승인을 받지 못했다. 친구는 결국 사표를 냈고 예순쯤 됐을 때 회사에서 퇴짜를 받은 아이디어로 연 매출 3억 달러 규모의 회사를 세웠다. 월트디즈니는 열 명에게 새로운 아이디어가 어떤지 묻곤 했다. 모두 입을 모아 이를 반대하면 디즈니는 당장 그 아이디어를 발전시키기 시작했다.

지금 우리가 살아가는 세상은 한때 사람들이 불가능하다고 생각했던 수많은 것들로 이뤄져 있다. 지난 한 해 동안 일하면서 얼마나 많은 좋은 아이디어를 끝까지 실행했는가? 기업의 시작과 성공은 혁신적인 상상력에 기반을 두고 있다. 하지만 몇 년 동안 훌륭한 수익을 내면 처음에는 혁신적이었던 일도 결국 고루해진다. 아널드 파머^{Arnold Palmer}가 진정으로 위대한 골퍼로 성공할 수 있었던 것은 너무 안전하게 경기하지 않았기 때문이다. 파머는 무모한 사람은 아니었지만 다른 선수들이 안전하게 경기를 풀어나갈 때 좀 더 힘든 샷을 시도했다. 물론 이런 시도 때문에 몇 차례 패배한 적도 있다. 동시에 수많은 대회에서 우승하고 세계적인 명성과 존경을 얻었다.

자산 보전 역시 중요한 문제다. 하지만 자산을 지키는 데 급급하면 발전 속도가 더뎌지고 미래를 위한 발전보다는 이미 확보한 것을 지키는 데 더욱 중점을 두게 된다. 물론 보존과 혁신 사이에는 절대 간과해서는 안 될 행복의 균형점이 있다.

정보 축적을 결코 멈춰서는 안 된다. 새로운 자료, 즉 정보와 응용 없이는 아이디어를 얻을 수 없다. 타고난 재능까지 있다면 더할 나위 없다. 하지만 열심히 응용하고, 매일 활용하고, 땀 흘리고, 오랫동안 연구하고, 깊이 생각하면 재능은 얼마든지 발전시킬 수 있다. 일에 도움이 되는 정보를 스펀지처럼 흡수하고 그와 관련된 것이라면 모두 읽어야 한다. 당신의 전문 분야가 무엇이건 그 분야에 관한 다른 사람들의 아이디어로 가득한 훌륭한 도서관을 구축하라.

우리 모두에게는 '뇌'라는 금광이 있다. 바로 그곳에 우리가 원하는 모든 것, 그리고 그보다 훨씬 많은 것이 담겨 있다.

경쟁이 아니라
창조하는 법을 배워라

한번은 전국적인 대규모 조직의 구성원들을 상대로 연설을 했다. 청중은 기업을 대표하는 경영자나 최고위급 임원이었다. 나는 그들을 향해 충분히 생각하는 사람이 없다고 이야기했다. 사람들은 대개 정신적인 노력이 필요한 상황이 되기 전까지는 우리의 마음을 중립 상태에 놓고 가만히 내버려둔다.

물론 그들도 위기가 찾아오면 생각한다. 그러나 위기가 오더라도 문제를 해결하고 회사를 안전하게 끌고 나갈 수 있기 때문에 경영진의 자리에 앉고 많은 돈을 받는 것이다. 하지만 아무런 문제가 없는 시기는 어떤가? 내가 아는 기업 사장들조차도 특별한 문제가 없을 때는 진지하고 집중적으로 사고하는 경우가 드물다. 일일 계획을 세울 때도 창의적인 사고를 발휘해 체계적으로 접근하지 못할 이유가 무엇인가?

똑똑한 사람은 건강해지기 위해 운동 프로그램을 생각해낸다. 그렇다면 정신 건강을 위한 프로그램을 만들지 못할 이유가 있을까?

놀라울 정도로 짧은 시간 내에 눈부신 성공을 일궈낸 뉴욕의 어느 목재 중개인이 있다. 경쟁자들이 뒤처지지 않으려고 아등바등하는 동안 그는 목재 업계에서 수백만 달러를 벌어들였다.

기자들이 성공 비법에 대해 묻자 그는 매일 밤 어두운 방에 홀로 조용히 앉아 명상을 한 것이라고 이야기했다. 그는 10년 후의 목재 업계를 상상하며 명상에 잠겼다. 머릿속에 떠오른 아이디어를 적고서는 10년을 기다리는 대신 곧장 비즈니스에 적용하려고 애썼다. 이런 노력 덕에 다른 기업들이 서로 치열하게 경쟁하는 동안 그는 항상 새로운 것들을 창조해낼 수 있었다.

그의 성공 비법은 바로 경쟁하지 않고 창조하는 것이었다. 그럴듯하게 들리지 않는가?

어느 정신과 의사가 유명한 동료 의사들 앞에서 연설하던 중 오늘날 경영진을 다음과 같이 묘사했다. "경영진은 크게 네 부류로 나뉩니다. 첫째, 문제에 대해 걱정하는 궤양형, 둘째, 문제 주변을 돌아다니는 갑상선형, 셋째, 문제와 관련해 소리치며 비명을 지르는 아데노이드형, 넷째, 앉아서 모든 것이 해결될 때까지 기다리는 치질형입니다." 청중은 웃음을 터뜨렸다.

우리는 누구나 경영자다. 회사를 경영하지는 않더라도 적어도 자신의 인생과 가족을 경영한다. 당신은 어떤 경영자인가? 창조하기 위해 노력하는가, 아니면 오직 경쟁에만 매달리는가?

매일 자기 자신, 자신의 삶, 보살피는 사람들에 대해서 집중적이고 독립적으로 고민해야 한다. 무엇이든, 지금 얼마나 훌륭하건 얼마든지 개선될 수 있다는 데 당신도 동의할 것이다.

헨리 포드Henry Ford는 "생각은 가장 어려운 일이며 이것이 바로 생각에 몰두하는 사람이 얼마 안 되는 이유"라고 말했다.

당신의 가장 위대한 자산

------- ◆ -------

•

매일 밤 한 시간을 창의적인 생각에 할애하라.

•

경쟁을 걱정하는 대신 인생의 성장에 도움이 되는
새로운 경로를 예측하기 위해 노력하라.

•

다음의 것들을 꼼꼼하게 검토하라.

일

회사

인간관계

•

어떤 새로운 아이디어를 떠올릴 수 있는가?

창의적인 생각을 키워라

다음의 문구에 대해 생각해보자. "결국 창의적인 결과물을 만들어내기 위한 재료는 우리 주변에 있다. 누구나 똑같이 활용할 수 있다. 우리가 창의성을 발휘하지 못하도록 막는 것은 익숙한 것, 평범한 것만 보려고 하는 사고방식이다. 우리는 '보수적'이라는 얼음 속에서 꽁꽁 얼어붙고 세상은 우리 주위에서 굳어버린다." 정곡을 찌르지 않는가?

1~2년 정도 생각에 몰두해보면 어떨까? 엄청나고 굉장하며 훌륭한 일이다. 앞서 설명했듯이, 사람은 누구나 평생 노력해도 실제로 모두 발전시킬 수 없을 정도로 많은 기회를 매일 마주한다. 가능성이 없는 상황은 없다.

우리가 입는 옷, 사는 집, 마당이나 정원, 공터, 출퇴근길, 신문, 라디오와 텔레비전(순서는 전혀 중요하지 않다) 등 우리가 매일 접하는 모든 것에는 창의성을 발휘할 가능성이 숨어 있다. 1년 365일, 깨어 있는 매 순간 모든 일에서 창의력을 발휘할 만한 풍부한 소재들과 마주한다. 하지만 창의력을 발휘하려면 그에 걸맞은 '마음 상태', 즉 기회를 감지하고 가능성이 가득한 무언가가 가까이에 있다는 인식과 기대감이 필요하다. 그렇지 않으면 우리는 "익숙한 것, 평범한 것만 보려고" 하게 된다. 그뿐 아니라 "우리는 '보수적'이라는 얼음 속에서 꽁꽁 얼어붙고 세상은 우리 주위에서 굳어버린다."

인생에 안전은 없다. 그런데 안전하게 살려고 애쓸 필요가 있을까? 우리는 우리가 생산한 것을 먹고 입으며 숨을 쉰다. 상상력과 잠재적인 창의력을 발휘해 지금 서 있는 자리에서 좀 더 많이 기여할 수 있다면 얻을 것은 많고 잃을 것은 적다. 그뿐 아니라 단 한 번의 시도만으로 멈출 필요도 없다!

유명한 영화 제작자 마이크 토드Mike Todd는 "파산은 일시적인 상황이지만, 가난은 마음 상태다"라고 말했다.

창의성은 마음 상태라고도 볼 수 있다. 창의성은 세상을 새롭게 바라보는 방식인 만큼 어린 아이와도 같은 마음 상태다. 시간이 지나면 대부분의 아이는 순응을 요구하는 사회적 압력과 경험을 반복하면서 세상이 만들어낸 경직된 틀에 갇혀 점차 경이감과 창의성을 잃는다.

창의적인 사람은 결국 영원히 늙지 않는 아이라는 말이 있다. 어른이 돼버리는 것은 비극이다.

창의적인 사고를 통해서
가장 많은 것을 얻는 방법

자동차 핸들이 동그란 이유를 묻는 것이 반드시 네모난 핸들을 만들고 싶어서는 아니다. 창의력을 연마하기 위한 질문일 수도 있다.

오늘날, 대부분의 사람은 한때 많은 사람의 입에 오르내렸던 "아버지에게 좋았던 것은 내게도 좋다"는 말이 무의미하고 터무니없다는 데 동의한다. 아버지에게 충분히 좋았던 것이라도 현대를 살아가는 우리에게는 충분하지 않을 수 있다. 그리고 지금 우리에게 충분히 좋은 것이 다음 세대에게는 그렇지 않을지도 모른다. 이 오래된 세상은 이런 식으로 발전해왔으며 또 그래야만 한다.

어느 유명한 사업가는 "작년에 했던 것과 똑같은 일을 올해도 하고 있다면 심각한 문제"라고 이야기했다. 지금 일하는 방식이 당장 문제를 초래하지 않을 수도 있다. 하지만 변화의 필요성과 필연성을 끊임없이 의식하지 못하면 언젠가 문제가 생길 가능성이 매우 크다.

창의적인 사고는 학습 가능한 기량이자 실용적인 기술이다. 하지만 음악이나 그림 혹은 모든 예술이 그렇듯 창의적인 사고의 본질상 완벽하게 정의하거나 엄격한 행동 규칙을 적용하기는 힘들다.

무엇이 됐건 뛰어난 기술을 연마하려면 오랜 세월 동안 거듭해서 연습해야 한다. 지금 당장 연습을 시작해 매일 빠지지 않고 노력한다면 그 기술을 당신의 가장 귀중한 자산 중 하나로 만들 수 있다.

늘 해오던 방식대로 신발 끈을 묶는다면 변화는 없을 것이다. 반대로 신발 끈을 묶는 방식이나 이유에 의문을 제기하면 변화가 생긴다. 이런 질문이 신발 업계를 변화시켰고, 오늘날 수많은 신발이 끈 없는 상태로 제작된다.

그러니 우리가 하는 모든 일, 우리가 보는 모든 것에 의문을 제기하는 습관을 길러보자. 오랫동안 공터 옆을 걸어 다니면서도 공터에 대해서 생각하기는커녕 아예 쳐다보지 않는 사람도 있다. 하지만 누군가는 공터에 눈길을 줄 것이다. 그의 눈에는 그저 텅 빈 공간이 아니라 아름답게 조경된 땅 위에 근사한 사무용 건물이 새롭게 올라가 있는 광경이 보일 것이다. 이 사람은 지역 사회를 위해서 가치 있는 일을 할 테고 아마도 자신 역시 부동산 투자 등으로 상당한 돈을 벌어들일 것이다.

자동차 핸들이 동그란 이유를 묻는 것이 반드시 네모난 핸들을 만들고 싶어서는 아니다. 창의력을 연마하기 위한 질문일 수도 있다. 질문은 인간이 할 수 있는 가장 고차원적인 활동, 즉 신중하고 창의적으로 사고하도록 장려하고 마음을 단련하는 행위다.

그런 다음, 오랫동안 익힌 기술을 일과 가족, 친구에게 적용해보자. 그러면 당신의 마음이 섬세하게 단련된 칼날처럼 순식간에 낡고 오래된 것을 관통해 새로운 것을 탐구하고 찾아낼 것이다.

창의적인 사고는 짜릿하고 신나는 일이다. 이는 저녁 식사를 하거나 자동차를 타고 이동할 때 등 언제든 흥미로운 대화거리를 제공한다. 저녁에는 창의적인 생각 끝에 이렇게 자문할 수도 있다. "나는 왜 지금 최면에 걸린 닭처럼 텔레비전 앞에 앉아서 화면 속 사람들이 서로를 죽이는 모습을 지켜보고 있는 걸까? 이럴 시간에 좀 더 재미있고 보람된 일을 할 수는 없을까? 내가 좀 더 알고 싶은 주제는 없을까? 읽으려고 미뤄두었던 책을 집어 들면 어떨까?"

매일 밤 한 시간씩 시도한다면 머지않아 많은 시간이 누적될 것이다. 시간은 인간이 살 수 없는 몇 안 되는 것 중 하나인 만큼 최대한 현명하게 활용해야 한다.

좋은 아이디어가 떠오르면 그 아이디어를 고리에 매달아 걸어두었다고 상상하며 사방에서 살펴보자. 모든 각도에서 바라보고, 찌르고, 낭기고, 비틀어보자. 새로운 방향으로 당겨봐도 좋고 개선하기 위해 노력해도 된다. 구체화시키기 어렵다고 판단되는 아이디어는 버리고 새로운 아이디어를 찾아보자. 아이디어는 공짜지만 인간에게 알려진 가장 가치 있는 상품이기도 하다. 훌륭한 아이디어는 이를 창조한 사람의 마음을 움직인다.

창의적인 사고를 인생을 살아가는 태도의 일부로 만들어보자. 그러면 당신의 세상이 경이롭고 새로운 관심사들로 가득 찰 것이다. 창의적인 사고를 위해 노력하다 보면 정말로 큰 변화를 만들어낼 아이디어, 즉 당신의 삶을 완전히 바꿔놓을 아이디어를 얻게 될 것이다! 그 아이디어는 이 세상을 좀 더 나은 곳으로 바꿀 것이다. 당신이 이 세상에 살기 때문이다.

그런 아이디어를 찾는 과정 자체가 멋진 도전이자 영감을 불어넣는 신나는 활동이 될 수 있다.

열심히 아이디어를 찾으며 창의적인 사고를 위해 노력하자!

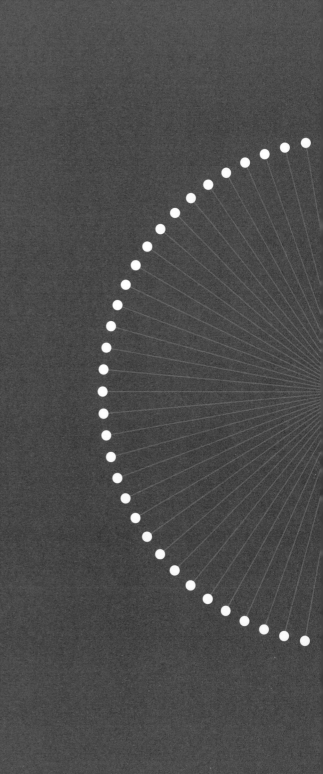

CHAPTER 7

대중 연설의
달인이 되는 법

내가 일어서서 말하자
사람들은 웃음을 터뜨렸다

남들 앞에서 말하는 것이 신경 쓰이거나 두려운가? 그런 사람이 많다. 사실 나도 그랬다. 로스앤젤레스에 있는 슈파인 오디토리엄에서 6천 명의 관중 앞에서 연설한 적이 있다. 그전에는 대중 연설 경험이 많지 않았다. 연설하기 한 시간 전부터 극심한 공포에 사로잡혀 식은 땀을 흘리며 뒷문 근처를 서성이던 기억이 난다. 마침내 무대에 올라 관객들과 마주하자 혼이 나간 채 걸어 다니는 상태가 됐다. 막상 연설을 시작하자 긴장이 풀렸다. 하지만 '곧 무대에 올라 연설을 해야 한다'는 생각은 고문에 가까웠다. 연설을 앞두고 있을 때면 여전히 속이 울렁거리지만 이제 그 정도로 힘들지는 않다.

시카고에 있는 다트넬컴퍼니를 운영했던 놈 게스Norm Guess라는 친구는 우리가 집단에 대해 공포를 느끼는 몇 가지 원인에 대한 짧은 글을 보내왔다.

1. **자신에 대한 두려움.** "도대체 나는 무엇을 위해 이 일을 하는 것일까? 나는 어쩌다 이런 상황에 놓였을까?"라는 정신적인 질문을 통해서 표출되는 분명한 자의식

2. **과거에서 비롯된 생각.** 과거에 교실에서 실패하거나 비웃음을 사거나 조롱당했던 기억이나 잠재의식

3. **다른 사람의 생각에 대한 지나친 걱정.** "이렇게 많은 사람 앞에서 연설할 자격이 있는가?"라는 의문

4. **부실한 준비.** 연설하려면 노력, 완벽한 점검, 상당한 수정이 필요하다는 당황스러운 느낌

5. **새로운 것을 시도할 용기 부족.** 평소와 다른 일을 하는 데서 비롯된 두려움

6. **주변의 격려 부족.** "여기 계신 분들이 어떤 말씀을 해주실지 기대하고 있습니다" 같은 격려의 말은 항상 엄청난 도움이 된다.

7. **장소 자체가 주는 공포감.** 공간 자체의 문제일 수도 있다. 공간은 너무 큰 데 비해 관중이 지나치게 적은 때도 있다. 그중에서도 최악은 음질이 나쁜 방송 장비나 말 그대로 너무 작아서 거의 입속에 집어넣다시피 해야 하는 마이크, 혹은 메모지를 보려면 양팔을 앞으로 쭉 뻗어서 감싸 쥘 수밖에 없는 형태를 띤 스탠드형 마이크 등이다. 한 번은 방송 장비가 강연할 상태가 아니어서 중단하고 주최자에게 강연자를 초대

하기 전에 좋은 방송 장비에 투자해달라고 권한 적도 있었다.

그렇다면 이런 문제에 어떻게 대처해야 할까?

1. 다른 사람들 역시 같은 두려움을 느낀다.

2. 무엇을, 왜 두려워하는지 분석하라.

3. 말하고 싶은 충동을 느끼게 하는 주제를 찾아라. 당신에게는 중요한
   이야깃거리가 있으며 그 이야기를 하고 싶다는 사실을 깨달아야 한다.

4. 충분히 준비하라.

5. 소규모 모임에 참여하는 연습을 하라.

6. 메모하라. 아이디어를 적어두면 커다란 도움이 된다.

7. 매우 중요한 연설이라면 사전에 연습하라.

8. 회의가 시작되기 전에 두려움에 대처하는 법을 배워라. 시간과 연습이
   필요하다.

9. 강좌를 듣는 것도 추천한다. 영어 말하기 모임 **토스트마스터즈**^{Toastmasters}
   에 참여해도 좋다. 이는 남들 앞에서 말하는 법을 배우고 싶어 하는 사
   람들로 가득한 훌륭한 조직이다.

10. 실제로 해보는 것만 한 게 없다. 그냥 하자.

개인적으로는 당신이 매우 잘 아는 주제, 즉 당신의 전문 분야일
뿐 아니라 매우 편안하게 느끼는 주제에 대해서만 연설할 것을 추천
한다.

이런 말도 있다. "인간의 마음은 놀랍다. 태어나는 순간 움직이기 시작해 사람들 앞에서 말할 기회를 얻을 때까지 멈추는 법이 없다." 상황을 바꿔보자. 당신이 청중석에 앉아 있다면 당신의 이야기에 관심을 보일 것이라는 사실을 떠올리자.

연설에서 가장 중요한 것

비법은 바로 재미있어야 한다는 것이다. 재미있게 연설할 수 없다면 입을 닫아야 한다. 침묵은 전혀 문제가 되지 않는다.

훌륭한 연설을 위해서 필요한 가장 중요한 요소가 무엇일까? 이것은 매우 간단한 질문이다.

가장 중요한 요소는 바로 재미다. 재미있게 연설할 수 없다면 입을 닫아야 한다. 열정이 제일 중요하다고 이야기하는 사람도 있다. 내 생각은 다르다. 말하고자 하는 주제에 대한 열정이 엄청나지만 지루해서 하품이 날 것 같은 연설을 하는 연사도 많았다. 연설하고자 하는 주제에 대해 열정적인 것은 좋다. 그 주제가 재미있다면 당연히 그럴 수밖에 없다. 청중 역시 마찬가지다.

교육, 종교, 희망, 결혼, 제품, 서비스 등 상대가 무언가를 받아들이도록 만드는 데 무엇보다 중요한 요소는 바로 재미다. 상대방이 재미있어 하지 않으면 그의 마음에 닿거나 일종의 약속을 하도록 만들 수 없다.

울면서 아버지를 찾아가 키우던 거북이가 죽었다는 소식을 전한 어린 소년이 있었다. 소년의 아버지는 아들의 손 위에 축 늘어져 있는 거북이를 보고 재빨리 말했다. "친구들을 초대해서 성대하게 장례식을 치르자꾸나. 마당에 작은 무덤과 관을 만들어보면 어떻겠니? 장례 행렬도 좋을 것 같구나. 세상을 떠난 녀석에 대해 몇 마디 말을 할게." 말을 이어나가던 소년의 아버지는 거북이가 움직인다는 사실을 깨달았다. "얘야, 여기 좀 보렴. 거북이가 죽지 않고 살아 있구나!"

소년은 살아 움직이는 거북이를 확인하고 다시 아빠를 쳐다보며 장난꾸러기 같은 미소를 띠며 이야기했다. "장례식을 치르기 위해 거북이를 죽이면 어떨까요?"

소년의 아버지는 구체적인 내용을 곁들여 장례식을 치르자고 설명했다. 소년에게는 애지중지했던 거북이의 생존보다는 장례식이라는 행사가 훨씬 중요하고 재미있게 느껴졌다. 그러니 재미있어야 한다. 침묵은 전혀 문제가 되지 않는다.

재미있게 이야기하는 재주가 없는가? 그렇다면 어떤 말을 할지 계획을 세워야 한다. 대화하는 도중에도 잠깐 시간을 내어 어떤 말을 어떤 식으로 하면 좀 더 재미있을지 생각해볼 수 있다. 하지만 상대를 설득하려면 무엇보다 재미가 가장 중요하다. 우리는 항상 상대를 설득하며 살아간다.

반복해 강조한다. 다른 사람들이 우리가 원하는 일을 하도록 만들려면 재미있어야 한다. 약간의 생각과 계획을 곁들이면 대개 성공할 수 있다.

연설하는 방법

연설가는 크게 두 부류로 나뉜다. 연설 요청을 받는 사람도 있고 성직자, 교사, 임원, 영업 관리자 등 직업상 사람들 앞에서 연설할 수밖에 없는 사람도 있다.

연설 요청을 받은 경우라면 다른 사람들이 듣고 싶어 하는 무언가에 대해 당신이 잘 알고 있다는 뜻이다. 당신은 아마도 특정 주제에 대한 전문가일 것이다. 만약 그 주제에 대한 전문가가 아니라면 연설 요청을 수락해서는 안 된다. 사람들 앞에 서서 연설하는 것은 상당한 책임이 따르기 때문이다.

연설이 직업인 사람에게는 한층 커다란 책임이 있다. 전자의 경우에는 사람들이 원해서 찾아오는 것이다. 후자의 경우에는 좋든 싫든 당신이 하는 말을 들을 수밖에 없다.

하지만 어느 쪽이든 조금만 준비하면 훌륭하게 연설을 마칠 수 있다. 몇 가지 도움이 될 만한 지침을 알려주겠다.

가장 먼저 강연은 누구에게나 어렵다는 사실을 이해해야 한다. 연설을 해야 할 운명의 날이 다가오면 재미없고 무기력해지며 마음속에 두려움이 쌓이기 시작한다. 결국 사회자가 당신을 소개하는 순간이 되면 공포에 사로잡힐 것이다. 지극히 정상적인 감정이다. 첫 연설을 마쳤다고 해서 이런 감정이 사라지지는 않는다. 온몸이 떨리고(특히 무릎이 덜덜 떨릴 것이다), 손에 식은땀이 흐르고, 입은 바싹 마르고, 열대성 열병 말기쯤 된 듯한 기분이 들 것이다. 하지만 걱정할 필요 없다. 그냥 서서 미소를 짓고 시작하면 된다!

연설을 완벽하게 준비해보자. 개인적으로는 연설문에 심혈을 기울이는 편이 좋다고 생각한다. 연설을 해본 적이 없다면 특히 도움이 된다. 먼저 청중의 관심을 사로잡을 흥미로운 문장으로 시작한 다음, 하려던 이야기를 전달하고, 그 같은 주장을 뒷받침하는 충분한 증거 자료를 제시한 후, 앞서 말한 내용에 대한 요약으로 끝맺으면 된다. 연설을 할 때 나타나는 위험 요소 중 하나는 시간이 지나면 자신의 목소리가 너무 좋게 들려서 남들에게도 그렇게 들린다고 믿기 시작하는 것이다. 하지만 항상 그렇지는 않다. 예정보다 5분 더 지체하는 것보다 조금 일찍 끝내는 편이 천 배는 낫다. 또한 청중이 좀 더 많은 것을 원할 때 끝내야 한다. 지루해할 때까지 떠들어서는 안 된다.

농담은 신중해야 한다. 연설가들이 저지르는 가장 흔한 실수가 농담을 그냥 던지는 것이다. 유머 감각을 타고난 사람이 아니라면 더욱 함부로 시도해서는 안 된다. 이야기 주제와 관련된 재미있는 사건을 소개하는 정도는 괜찮다. 하지만 "말을 하다 보니 갑자기 이런 이야기가 떠오르는군요"라는 식으로 시작해서는 안 된다. 쓸데없이 농담하는 연설가보다 나쁜 것은 저속한 농담을 하는 멍청이뿐이다.

나는 항상 예정된 강연 시간보다 좀 더 일찍 도착해 임원들과 담소를 나누곤 한다. 일상 대화를 바탕으로 그들의 일과 전반적인 교육 수준을 파악할 수 있기 때문이다. 이를 통해 강연을 준비할 당시의 내 생각이 옳은지 확인한다. 평균 연령도 확인하는 것이 좋다. 그러면 청중의 구성원을 잘 파악할 수 있을 뿐 아니라 상대에게 알맞은 언어로 말을 건넬 수 있다.

영화배우 밥 호프^{Bob Hope}는 전 세계 군인들 앞에서 수백 번 연설을 했다. 호프는 군인들이 사용하는 표현을 익히고 몇몇 장교들의 이름을 기억하기 위해 노력했다. 이로써 각 부대의 특성이 반영된 연설을 했다. 너무 뽐내거나 사적으로 접근한다는 인상을 주지 않도록 주의하면서 호프 같은 방법을 활용하는 것이 좋다. 당신이 수고를 들여 직접 조사했고, 청중이 누구인지 미리 파악했으며, 듣는 이를 전혀 고려하지 않은 채 판에 박힌 연설은 하지 않겠다는 사실을 상대에게 알리기만 하면 된다.

누구나 훌륭한 연설을 할 수 있다. 전문 분야이고 깊이 관심 있는 주제에 대해 이야기하면 된다. 하고 싶은 말을 최선을 다해서 하자. 다만 클리셰는 피해야 한다. "아시다시피…"라는 사족도 마찬가지다.

상대가 이미 알고 있다면 그런 말을 할 필요가 없다. 진심 어린 자세와 흥미로운 태도로 아는 것을 이야기하면 된다. 자기 자신을 잊어버릴 정도로 이야기에 집중해보자. 그러다 보면 자의식은 사라진다. 그렇게 이야기를 끝내고 자리에 앉으면 된다. 그게 전부다.

당신의 가장 위대한 자산

━━━━ ✦ ━━━━

훌륭한 연설을 위한 단계를 기억하자.

•

초조해질 수밖에 없다는 사실을 받아들이자.

•

간결하고, 재미있으며, 논리정연한 연설문을 작성하자.

•

의미 없는 농담은 금물이며 클리셰를 피하자.

•

조금 일찍 도착해 청중을 파악하자.

•

연설 주제에 몰입해 자기 자신을 잊어버리자.

한 번에 한 가지만

영업 전문가, 마케팅 전문가, 광고 전문가들은 한 번에 한 가지를 판매하는 것이 얼마나 중요한지 잘 알고 있다. 한 번에 많은 품목을 동시에 다룰 수 있는 것은 카탈로그뿐이다. 5분짜리 연설이든 1시간짜리 연설이든 한 가지를 집중적으로 다루어야 한다. 훌륭한 영업사원처럼 문제를 제기한 다음 해결책을 제시하면 된다. 마지막에는 문제를 다시 한 번 언급하고 해결책을 빠르게 요약해야 한다.

연설을 시작할 때는 주의를 끌 만한 메시지를 던져야 한다. 예를 들면, "전 세계 과학자들은 세계의 바다가 죽어간다는 데 동의합니다"라는 말로 연설을 시작할 수 있다. 정신이 번쩍 드는 말이다. 이런 말을 하면 즉각적으로 청중의 관심을 사로잡을 수 있을 뿐 아니라 모두가 이런 생각을 하게 된다. '바다가 죽어간다면 세계 종말의 전조 아닌가? 인간은 이 문제에 대처하기 위해 어떤 노력을 하고 있지?'

프랑스 해양 탐험가 자크 쿠스토Jacques Cousteau같이 국제적으로 인정 받는 권위자의 말을 참고 자료로 삼아 맨 처음 했던 말이 사실임을 증명한다. 그다음 재앙을 피하는 데 도움이 되는 방법을 간략하게 설명할 수 있다. 마지막으로 "그렇습니다. 전 세계의 바다가 죽어가고 있습니다. 하지만 인류가 다 함께 노력한다면, 모든 해양 국가가 유조선의 바다 오염을 규제하는 법을 통과시키도록 영향력을 행사할 수 있다면…"이라고 말할 수 있다. 마지막에는 희망의 메시지를 주고 모든 청중의 공감을 끌어낸다.

물론 모든 연설이 사회 문제와 관련된 것은 아니다. 최근에 다녀온 낚시 여행이 특별히 흥미롭게 느껴진다면 그 이야기로 연설을 시작해도 좋다. 가령 "무지개송어는 지구상에서 가장 맛이 좋은 물고기 중 하나입니다"라고 말문을 열 수 있다. "최근에 다녀온 낚시 여행에 대해 말씀드리겠습니다"라고 시작하는 것보다 훨씬 쉽게 청중의 관심을 끌 수 있다. 흥미로운 몇 마디를 먼저 던진 다음, 나머지를 설명하면 된다. 다음과 같이 설명해볼 수 있다. "2주 전, 친구와 함께 아칸소주 카터 근처의 화이트강에서 운을 시험해보기로 했습니다. 화이트강은 미국에서 자연 경관이 가장 아름다운 곳 중 하나입니다." 여행 이야기, 이야기의 주인공인 무지개송어, 강둑에서 모닥불에 구워 먹은 송어 요리에 관한 이야기를 이어나간다. 그런 다음, 마지막에는 청중이 연설 주제를 좀 더 친밀하게 받아들일 수 있도록 이야기를 덧붙일 수 있다. "송어 낚시를 해본 적이 있으십니까? 낚시는 골치 아픈 문제를 잊고, 머리를 깨끗하게 비우고, 새로운 관점을 얻기 위한 최고의 방법입니다. 혹 무지개송어를 낚으면 일생일대의 전율을 느낄 수 있을 겁니다."

연설할 때는 인칭 대명사에 주의해야 한다. 가능한 한 자신에 관한 이야기는 제외해야 한다. 낚시 이야기를 할 때처럼 물고기, 아름다운 풍경, 동반자, 만난 다른 사람, 재미있는 사건 한두 가지에 관해 이야기하되 "내가 이렇게 했어요, 저렇게 했어요"라는 식의 말을 반복해서는 안 된다. 연설의 목적은 당신이 아니라 해당 주제다. 마음이 좁은 사람은 사물에 대해 이야기하고, 보통 사람은 사람에 대해 이야기하고, 위대한 사람은 아이디어에 대해 이야기한다. 당신은 상대에게 훌륭한 아이디어를 전달해야만 한다. 집을 페인트칠하는 이야기 역시 좋은 아이디어다. 집의 외관을 개선하거나 보호하는 것이 바로 아이디어다. 낚시 여행 이야기의 핵심은 결국 강으로 휴가를 떠나 생동하는 물고기를 잡는 것이다. 핵심은 바로 잘 발전시킨 하나의 아이디어다.

장거리 여행에 관해 이야기한다면, 그 과정에서 발생한 수많은 흥미롭고 특이한 사건과 장소에 관한 이야기도 하겠지만 여행 그 자체가 바로 아이디어가 된다. 다양한 이야기가 담겨 있지만 여전히 주제는 하나다. 수천 번의 붓질이 모여서 하나의 아름다운 그림이 완성되는 것과 마찬가지다. 각각의 붓질이 모여 하나의 핵심 주제, 즉 한 작품이 탄생한다. 훌륭한 연설도 이와 같다.

기억에 남는 연설과 평범한 연설은 몰입의 정도가 가른다. 연설가가 주제에 몰입하고, 자신의 이야기를 제대로 이해하고, 연설에 열중하면 그 태도가 밖으로 드러난다. 연설가가 사용하는 표현이 아니라 전달하는 감정을 통해 표출된다. 지금 라디오나 텔레비전에서 뉴스 방송을 들어보자. 실질적인 지식이나 개인적인 관심 없이 대본이나 텔레프롬프터로 뉴스만 읽는 출연자가 하는 말은 피상적이거나 따분하게 들린다는 사실을 알 수 있을 것이다.

반면에 현장에서 생방송으로 뉴스를 전달하고 관련 정보를 수집하고 보도하는 것을 평생의 업으로 삼아온 기자는 시청자에게 확신과 흥미, 몰입감을 준다. 다른 사람은 그저 주어진 글을 읽을 뿐이지만 이런 기자는 자신이 무슨 말을 하는지 제대로 알고 있다. 연설 역시 다르지 않다. 낚시 여행에 대해 이야기하는 연설가가 낚시를 사랑하면 그 마음이 연설에 드러난다. 그러니 연설은 자신의 관심사에서 시작해야 한다. 그리고 하나의 주제에 집중해야 한다. 그러면 연설 준비가 훨씬 쉬워질 뿐 아니라 더욱 효과적일 것이다.

연설문 작성에 대하여

무엇보다 중요한 것은 아이디어다. 당신의 마음속에 떠오른 아이디어를 청중에게 전달하는 데 성공했다면 연사로서 성공한 셈이다. 당신이 겉모습보다 내용에 좀 더 치중하면 청중은 이를 곧장 알아차린다.

많이 연설하는 사람은 대개 훌륭한 장서를 다수 보유했을 뿐 아니라 책을 열심히 읽고 언어를 활용하는 방법도 잘 안다. 연설문을 써야 하는데 문법, 그중에서도 특히 구문론에 대해서 확신이 없다면 언어 구사 능력이 좀 더 뛰어난 사람에게 교정을 맡기자. 글 다듬는 실력을 키우는 것도 좋다.

어떤 단어의 발음이 확실치 않다면 주의 깊게 찾아보아야 한다. 잘

못 발음된 단어는 폭탄처럼 청중의 마음을 뒤흔든다.

엉성한 연설 습관이 있다면 반드시 고쳐야 한다. 우리가 연설을 할수 있는 것은 모두 청중 덕분이다. 잘못된 습관을 고치지 않으면 청중에게 불쾌감을 줄 수 있다.

물론 나무랄 데 없는 언어로 글을 쓰고 말하는 것은 매우 어렵다. 하지만 할 수 있는 한 최선을 다하고 꾸준히 공부해야 한다. 개인적으로는 영어, 글쓰기 등에 관한 책을 150권쯤 소장하고 있다. 연사에게는 무대 위에 서서 좋은 본을 보일 책임이 있다. 그렇지 못하면 무대가 아닌 청중석에 앉아 있어야 한다. 물론 이는 상황에 따라 다르다. 연예인은 사람들을 즐겁고 편하게 대해야 하기에 구어체를 주로사용한다.

오래전 CBS에서 일할 때 유명한 신문 칼럼니스트를 인터뷰한 적이 있었다. 그는 자신의 칼럼에서 직접 사용했던 단어를 잘못 발음했다. 그 발음에 놀라자마자 나는 그가 활자 지향적인 사람이라는 사실이 떠올랐다. 그는 자신이 사용하는 많은 단어의 의미를 잘 알고있었고 칼럼에서도 그 표현을 자주 사용했지만 이를 말할 때 사용하지는 않았던 것이다. '논쟁의 여지가 없는'이라는 뜻의 영어 단어 'indisputable'과 그 외의 여러 단어를 잘못 발음했던 기억이 난다.

발음을 확실하게 알지 못한다면 평소에 사용하지 않는 단어는 연설할 때도 쓰지 않는 편이 낫다.

이제 중요한 부분을 설명할 차례다. 물론 글쓰기보다 더 중요하지는 않지만, 그만큼 중요하다. 일단 글을 썼다면 다시 읽어봐야 한다.

글쓰기 전문가가 아니라면(물론 글 전문가는 거의 없지만) 수없이 반복해서 읽어야 한다. 물론 완벽해야 하는 연설문에 해당하는 이야기다. 거듭해 읽다 보면 매끄럽게 다듬고, 보완하고, 삭제할 부분을 찾을 수 있다. 그러다 어느새 연설할 때가 오면 단어 하나하나, 뉘앙스 하나하나에 익숙해진 자신을 발견할 것이다. 단문이어야 한다는 사실도 기억하자. 짧은 문장이나 단락은 그 의미와 의도를 금방 파악하게 한다.

겉모습에 지나치게 신경 쓸 필요는 없다. 무엇보다 중요한 것은 아이디어다. 마음속에 떠오른 아이디어를 청중에게 전달하는 데 성공했다면 연사로서 성공한 셈이다. 당신이 겉모습보다 내용에 좀 더 치중하면 청중은 이를 곧장 알아차린다. 거짓된 몸동작이나 자세는 금물이다. 진심에서 우러나오는 태도는 모두가 알아본다. 훌륭한 연사는 자신이 받을 돈보다 팔고자 하는 제품의 우수성과 고객을 도울 방법에 좀 더 커다란 관심을 보이는 훌륭한 영업사원과 같다. 혹은 배역에 완전히 몰입해 자신의 실제 모습은 감춘 채 배역만 눈에 띄게 하는 훌륭한 배우와도 같다. 어떤 배역을 연기하든 항상 자신의 모습을 투영하는 배우들을 본 적 있을 것이다.

연사도 마찬가지다. 자신의 본모습을 잊어버릴 정도로 이야기의 주제와 청중에게 많은 관심을 기울이는 연사는 드물다.

연설문 작성을 연습하고 싶다면 일단 써야 한다. 두세 가지 연설문을 써보고 어떤 결과물이 나오는지 살펴보자. 적당한 타이밍에 제대로 호흡하며 말할 수 있도록 문장을 간결하게 써야 한다. 불필요한 단어와 클리셰는 잘라내야 한다. 핵심을 전달하고, 주제에서 이탈해서는 안 된다. 그리고 잘 마무리해야 한다. 연설을 마무리할 때 도움이 되는 흥미로운 지점을 찾아야 한다. 자리에 앉아서 종이에 직접 써 내려가면 글을 잘 쓰는 법을 배울 수 있다. 다른 모든 것이 그렇듯 더 많이 할수록 더 잘하게 된다.

좋은 연설은
좋은 대화와 같다

대화를 잘하는 사람은 연설도 잘한다. 다른 사람의 존재를 잘 느끼기 때문이다. 그뿐 아니라 감각이 항상 깨어 있기 때문에 청중이 보내는 신호를 포착하고 청중을 대화에 참여시키는 데 능숙하다.

좋은 대화는 인간관계의 커다란 즐거움 중 하나다. 여기서 좋은 대화란 각 선수가 동등하게 참여해 공을 주고받는 테니스 경기와 같은 것이다. 혼자서 말을 너무 많이 해 상대를 지겹게 만드는 사람은 끝없이 자기 공만 치는 골퍼와 마찬가지다.

대화를 잘하려면 수어 분 동안 말을 하거나 끝낸 후에 다른 사람의 참여를 유도하는 잘 정리된 질문으로 마무리하면 된다. 대화를 잘하는 사람은 이야기가 자신에게서 상대에게로 옮겨가게 한다. 이런 사람은 소형 자동차 뒷좌석에서도 연례 회의를 진행할 수 있다. 세상은 이런 사람을 사랑한다. 이런 사람은 함께 있으면 즐겁기 그지없으니까.

그런데 대화를 잘하는 것이 연설과 무슨 관련이 있을까? 사실 굉장히 관련이 깊다.

대화를 잘하는 사람이 함께 있는 사람과 대화를 주고받듯, 훌륭한 연설가는 청중과 놀라울 만큼 많은 것을 주고받는다. 청중이 단 한마디도 하지 않아도 훌륭한 연설가는 청중과 대화를 나눌 수 있다. 예를 들어, 훌륭한 연설가는 "동의하십니까?" 같은 질문을 던진 후, 멈춰서서 청중이 자기 말에 동의하거나 동의하지 않는다는 단서나 증거를 찾는다. 이것이 바로 대화의 한 형태다. 청중도 침묵하거나, 집중하거나, 고개를 끄덕이거나, 옆 사람을 찌르거나, 적절한 때 웃음을 터뜨리거나 진지한 표정을 지음으로써 연설가에게 말을 건넬 수 있다.

사람들에게는 인정 욕구가 있다. 방금 언급한 종류의 반응을 기다리며 잠깐 말을 멈추는 것은 일종의 인정이다. 다시 말해서 청중을 바라보는 것이다. 실제로 청중을 바라보고 청중에게 질문을 던지며 반응을 얻기 위해 잠시 기다리는 것이다.

청중이 지루해하면 아무리 애를 써도 그 마음이 드러날 수밖에 없다. 청중이 관심을 느끼면 그 또한 겉으로 드러난다.

연설가가 질문을 던지면 청중이 대답할 것이다. 세미나 방식이 참가자들의 환영을 받는 것도 바로 이런 이유에서다. 세미나는 일반적으로 소수의 인원이 참여하며 논의 중인 주제와 관련해 청중이 실제로 목소리를 낸다.

대화를 잘하는 사람은 연설도 잘한다. 다른 사람의 존재를 잘 느끼기 때문이다. 그뿐 아니라 감각이 항상 깨어 있기 때문에 청중이 보내는 신호를 포착하고 청중을 대화에 참여시키는 데 능숙하다. 지루한 사람은 청중도 지루하게 만든다. 그리고 청중의 감정이나 부정적인 피드백은 아랑곳하지 않고 같은 이야기만 끝없이 반복한다. 그러다가 사람들이 졸거나 뒤에서 이야기를 주고받거나 몰래 빠져나가면 분노한다.

연설을 하는 사람에게는 원하는 방식으로 주제를 다룰 자유가 있지만 그렇다고 해서 다른 사람의 권리와 감정을 침해할 권리가 있는 것은 아니다. 우리에게는 흥미롭게 연설을 이끌어가야 할 의무가 있고, 그럴 수 없다면 애초에 연설을 해서는 안 된다.

영업팀 관리자건, 자동차 대리점이나 보험회사, 부동산 사무소, 대규모 국제 조직 등에서 일하는 사람이건 다른 사람 앞에서 말을 하는 사람은 그래야 한다. 청중이 흥미를 잃으면 원하는 메시지를 제대로 전달할 수 없다. 상대의 반응을 지켜보고 귀를 기울이면 우리가 얼마나 잘해내고 있는지 확인할 수 있다. 이런 태도는 대화를 잘하는 사람의 특징이기도 하다.

청중을 설득력 있는 결론으로 이끌어줄 연설을 하는 것뿐 아니라 그 결론을 구성하는 요소들을 가능한 한 매력적으로 만드는 것 역시 연설가의 책임이다. 그래야만 가장 중요한 마지막 지점에 도달할 때까지 청중의 관심을 붙들어둘 수 있다. 그뿐 아니라, 청중과 대화하는 느낌을 주면 청중의 생각에 관심이 있음을 보여줄 수 있으며 청중이 해당 연설을 우호적으로 받아들일 만한 정서적 분위기를 조성할 수 있다.

유머를 활용하라

유머는 강요해서도 안 되고 억지로 갈구해서도 안 된다. 유머 감각이 있는 사람은 자연스럽게 상대의 웃음을 무장해제시킨다. 혹은 적어도 그렇게 보인다.

먼저 유머는 빨리 진행해야 한다. 윌 로저스Will Rogers가 "현관을 예배당보다 크게 만들지 말라"라는 말을 남긴 것으로 기억한다. 짧은 유머로는 감당이 안 될 정도로 이야기를 만드는 데 너무 많은 공을 들여서는 안 된다는 뜻이다. 전체적인 이야기와 유머는 적절한 균형을 이뤄야 한다. 유머가 넘치는 사람이라면 누구나 본능적으로 균형을 찾을 수 있을 것이다.

하지만 자신이 재미있는 사람인지 아닌지는 스스로 잘 알 것이다.

이런 자질은 일찍부터 모습을 드러낸다. 30년 만에 고등학교 졸업식 때 받은 사인첩을 보고 친구들이 "우리의 이야기꾼에게 행운을 빈다" 같은 문구를 적어놓은 것을 보고 깜짝 놀랐다. 마치 10대 시절부터 이미 방송계에서 일할 준비를 하고 있었던 것 같았다.

당신에게 유머 감각이 있다면 이를 현명하게 활용하기 바란다. 만약 그렇지 않다면 유머 섞인 표현을 자제하는 편이 낫다.

당신의 유머가 말하려는 내용과 정말로 관련이 있는가, 그렇지 않으면 억지로 연설 내용에 끼워 넣으려는 것인가? 지루한 연설가가 "이런 이야기가 떠오르는군요…"라고 말을 꺼내고서 주제와 아무런 관련도 없는 내용을 언급하는 모습을 많이 봤다. 그는 정말로 그런 이야기가 떠오른 것은 아니었다. 그저 농담을 던지고 싶어서 아무 이야기나 끄집어낸 것뿐이다. 연사가 이런 모습을 보이면 청중석에 앉아 있는 사람들도 금세 이를 알아차리고 발을 슬슬 움직이며 기침을 하고 출구가 어디인지 살피기 시작한다.

왜 농담을 해야 할까? 연설을 시작할 때 반드시 농담이 필요한 것은 아니다. 여기서 핵심 질문을 해보겠다. 애당초 연설을 하는 이유가 무엇일까? 재미있는 농담 역시 마찬가지다. 청중이 진정으로 감사하고 즐길 수 있는 기발하고 주제와 관련 있는 농담이 아니라면 굳이 넌실 필요가 없다.

그동안 연설을 하면서 찾아낸 한 가지 훌륭한 규칙이 있다. 농담을 하고 싶을 때 무엇이 됐건 마음속에 의구심이 생기거나 조금이라도 불안하다면 절대로 농담을 해서는 안 된다. 불안감은 당신보다 좀 더 똑똑한 당신의 무의식이 잊으라고 보내는 시그널이다. 꼭 해야겠다면 동호회 탈의실에서 하기 바란다. 그곳에서조차 불필요한 농담을 던지면 사람들이 등을 돌리고 나가버릴 수도 있다.

어떤 식으로건 소수에 해당하는 구성원을 모욕하는 농담은 절대로 해서는 안 된다.

실패할 일이 없기를 바란다면 엄청난 성공을 거뒀던 미국 코미디언 잭 베니Jack Benny의 시스템을 활용해보자. 즉 자신을 농담거리로 만드는 것이다. 베니는 미국 연예계 역사상 가장 오랫동안 사람들을 포복절도하게 했다. 베니가 라디오 프로그램을 진행하던 중 강도가 나타나 "돈을 내놓을래, 목숨을 내놓을래"라고 위협한 적이 있었다. 강도가 말을 끝내자 침묵이 뒤따랐다. 베니만이 할 수 있는 치명적이고 발작을 일으킬 정도로 웃긴 침묵이었다. 몇 초 동안 침묵이 이어지다가 마침내 걷잡을 수 없이 웃음이 터졌고 이는 기록적인 시간 동안 이어졌다. 내 기억으로 15분 정도는 됐던 것 같다. 마침내 웃음이 잦아들자 강도가 반복해서 말했다. "돈을 내놓을래, 목숨을 내놓을래." 그러자 베니가 답했다. "지금 생각하고 있잖아요."

그러자 다시 한 번 웃음이 터져 나왔고 제대로 된 마무리도 없이 프로그램이 끝나버렸다. 돈과 목숨 중 어떤 것이 더 중요한지 필사적으로 고민하면서 그저 침묵을 지키는 것만으로도 베니는 사람들을 즐겁게 만들었다. 뻐꾸기를 잡으려는 코요테처럼 베니는 항상 정교하게 만들어낸 복잡한 계획 속에서 늘 패자였다. 사람들은 우리가 약점 때문에 좌절하는 모습을 좋아한다.

마이크 앞에 서는 사람 중 가장 불쌍한 이는 자신이 청중을 불쾌하게 만들고 있다는 사실을 전혀 인식하지 못한 채 어떤 반응도 없는 이들 앞에서 끝까지 버티는 재치 없는 사람이다. 다행히도 이런 사람은 금세 사라진다.

유머가 당신의 강점이라면 나의 조언이나 도움은 필요치 않다. 만약 그렇지 않다면, 되도록 유머를 아끼고 격조 높은 유머를 활용하기 바란다. 유머는 적절하게 사용하면 참 좋은 무기이지만 반대의 경우에는 스스로를 겨누는 끔찍한 자충수가 된다.

자신만의 스타일을 살려서 연설하라

병원 자선행사에서 연설을 한 적이 있다. 행사가 진행되는 동안 대극장 한쪽에서 차례를 기다렸다. 이때 연단에서는 어느 행사 관계자가 간호 장학금을 받은 여러 고등학교 졸업생을 소개하고 있었다. 그 행사 관계자는 청중과 전혀 눈을 맞추지 않았다. 장내 방송 설비가 훌륭하게 갖춰져 있는데도 제대로 들리지도 않을 정도로 단조로운 목소리로 말을 이어나갔다. 이는 지금껏 봤던 어떤 연설보다도 형편없었다. 연설을 끝낸 관계자는 내가 대기하고 있던 곳으로 돌아왔다. 청중의 시야 밖으로 벗어난 그는 마침내 아름답고 환한 미소를 지으며 강한 목소리로 이렇게 이야기했다. "연설이 끝나서 정말 기쁘네요." 나는 그의 말을 막으며 이렇게 이야기했다. "이렇게 멋진 미소를 청중에게 보여주시고 평소대로 말씀하셨더라면 좋았을 겁니다. 정말 보기 좋습니다." 그러자 그는 떨면서 이야기했다. "아, 연단에 서면 무서워서 죽을 것 같아요."

이제 청중의 머릿속에는 어떤 개성이나 특유의 스타일 없이 하찮게 행동하는 사람의 모습만 남게 됐다. 하지만 연설을 끝내고 무대 뒤로 돌아온 사람은 아름다운 미소를 지닌, 친구들과 지인들이 존경해 마지않을 훌륭한 스타일을 갖춘 잘생긴 남자였다. 나는 무대 위로 올라가 그 많은 청중에게 이렇게 이야기하고 싶었다. "여러분이 이 사람의 참모습을 봐주시면 좋겠습니다. 정말 멋진 사람입니다."

누구에게나 자신만의 스타일이 있다. 유전자와 양육 환경, 교육, 그리고 수많은 경험이 더해져 개개인의 독특한 스타일이 탄생한다.

텔레비전에 나오는 유명한 사람들을 자세히 살펴보면 각자 특유의 스타일이 있다는 사실을 금세 알게 될 것이다. 자신의 직감이나 고유한 능력을 의심해서는 안 되는 것처럼 각자에게 타고난 스타일이 있다는 사실을 의심해서도 안 된다. 만약 정말로 우리가 그런 스타일을 타고났다면 말이다.

아서 갓프리Arthur Godfrey가 업계에서 가장 많은 돈을 받고 라디오나 텔레비전 방송에 출연하는 인물 중 하나가 된 것도 바로 이런 이유 때문이었다. 사람들은 그가 아서였기 때문에 좋아했다. 자니 카슨Johnny Carson, 페리 코모Perry Como, 빙 크로스비Bing Crosby를 비롯해 업계에서 매우 성공한 스타들은 모두 마찬가지다. 그들은 사람들 앞에 진정한 자신의 모습을 드러낸다. 우리도 그래야 한다.

하지만 매우 중요한 또 다른 요인이 있다. '스타 요인$^{star\ factor}$' 효과를 이해해야 한다. 말하고자 하는 주제에 전적으로 열중하는 것이 얼마나 중요한지 알아야 한다. 몰입하고 열중한다고 해서 통제력이 사라지지는 않는다. 그럼에도 우리가 어디에 있는지, 무엇을 하고 있는지 확실히 알 수 있다.

알맞은 단어와 문구를 찾아내고, 적절한 때에 말을 멈추고, 청중과 제대로 눈을 맞춘다. 마치 연기 같다고 생각할 수도 있지만 동시에 그 주제에 대해 관심이 많고 매우 잘 알기 때문에 몰입할 수 있는 것이기도 하다.

비행기에서 어느 영업사원과 이야기를 나눈 적이 있다. 대화를 나누다 보니 우리가 같은 회의에 참석하러 가는 길이라는 사실을 알 수 있었다. 그는 회사의 전국 영업왕으로 뽑혀 상을 받으러 가는 길이었다. 대화는 점점 활기를 띠었고 나는 그에게 매출 1위를 한 비결을 물었다. 그러자 그는 흥미로운 답을 했다. "저는 몇 년 동안 이 업계에서 일하면서 매우 열심히 노력했습니다. 하지만 최고와는 거리가 멀었어요. 그러던 어느 날 놀라운 일이 벌어졌습니다. 갑자기 상황이 바뀌었죠. 제가 이 일을 한다기보다 이 일이 제 마음속으로 들어와버린 겁니다."

반짝이는 눈으로 나를 쳐다보며 그가 물었다. "무슨 말인지 아시겠습니까?" 나는 무슨 뜻인지 정확하게 이해한다며 그가 지구상에서 가장 운이 좋은 사람, 즉 자신이 하는 일을 매우 즐기는 진정한 행운아라고 이야기했다.

그의 이야기를 들으며 존 스튜어트 밀^{John Stuart Mill}이 《공리주의》에서 이야기한 행복론이 떠올랐다. 밀은 행복을 직접 추구하는 사람이 아니라 다른 사람을 돕는 데 시간을 할애하는 사람, 수단이 아니라 그 자체를 하나의 이상적인 목적으로 여기며 예술이나 취미를 즐기는 사람만이 참된 행복을 누린다고 이야기했다. 이들은 직접적으로 행복을 추구하지 않고 다른 것을 통해 행복을 찾는다. 그 자체를 하나의 이상적인 목적으로 여기며, 취미를 즐기는 사람이 가장 행복하다는 내용이 중요하다. 훌륭한 연설 역시 마찬가지다.

말하는 사람이 무아지경일 정도로 연설 내용에 깊이 빠져 있지 않다면 연설이 끝날 무렵 청중을 기립하게 만드는 훌륭한 연설의 매력적이고 감동적인 효과는 기대할 수 없다.

프랭클린 D. 루스벨트^{Franklin D. Roosevelt}의 높고 우렁차고 감동적인 목소리의 연설은 결코 잊지 못할 것이다. "우리는 특권을 누리는 왕자들이 이 위대한 나라를 지배하지 못하도록 막아야 합니다^{We must prevent the princes of privilege from dominating this great country}" 루스벨트가 두운법을 사용해서 전달한 문구는 마치 짧은 시처럼 내 머릿속에 박혔다. 인류의 문화가 발달한 초창기에는 한 세대에서 다음 세대로 전해지는 사실상 모든 구전이 일종의 시로 존재했다. 그래야 기억하기가 쉽기 때문이다. "메리에게는 어린 양이 있었어요^{Mary had a little lamb}", "4월, 6월, 9월, 11월은 30일", "A, B, C, D, E, F, G, H, I, J, K…"를 어떻게 잊어버릴 수 있겠는가(영어권에서 널리 사용되는 표현과 언어유희를 소개한 것이다─옮긴이)? "불길한 쿵 소리와 함께 주식 시장이 바닥을 쳤다"와 같은 강력한 의성어는 어떤가? 좀 더 유쾌한 사례를 생각해볼 수도 있을 것 같다.

적절한 단어를 사용한 문장은 시처럼 들린다. 좋은 연설은 불타는 사막의 청량한 오아시스와 같다. 바람직하고 꾸밈이 없어야 좋은 연설을 할 수 있다.

토론회를 진행하는 법

토론회 진행을 맡아달라는 요청을 받았다면 이미 해당 주제에 대해 잘 알고 있거나 그 분야에서 상당한 경험을 쌓았을 것이다. 논의될 전반적인 주제와 청중이 던질 질문에 대해 잘 알고 있을 가능성이 큰 만큼 패널들의 배경을 제대로 파악하는 것이 중요하다. 그러면 적절한 질문과 배경지식에 관한 발언으로 토론에 활력을 불어넣고 패널들의 열정적인 참여를 유도할 수 있다.

먼저 패널들과 시간을 보내며 회의를 시작하는 데 도움이 될 만한 내용을 메모해두자. 혹은 관련 정보를 미리 수집하면 대화가 중단되더라도 자연스럽게 이어가는 데 도움이 된다. 실제로 회의를 진행하던 중 대화가 교착 상태에 접어든 적이 많았다. 활기찬 토론이 벌어지면 패널들의 관심도 커지는데, 이런 분위기는 결국 진행자의 몫이다. 일단 회의가 시작되면 진행자가 이끌어가야 한다.

회의가 시작되기 훨씬 전에 미리 섭외를 받았다면, 진행을 연습할수 있는 몇 가지 훌륭한 방법이 있다. 가족이나 친구들을 모아놓고관심 있는 주제를 제시한 후 할 말이 줄어들기 시작하면 알려달라고부탁해보자. 더는 할 말이 없다면 다른 사람에게 말을 시켜도 좋고, 주제와 관련된 다른 측면을 언급해도 괜찮고, 다른 사람을 지목해도된다. 비즈니스 오찬에서도 이런 연습을 해볼 수 있다.

훌륭한 진행자는 상황에 맞는 적절한 질문을 던지고, 패널의 질문이 부정확할 경우 다시 좀 더 명확하고 흥미로운 질문으로 바꾼다. 텔레비전에서 오랫동안 훌륭한 명성을 자랑해온 토론 프로그램을 시청하는 것도 도움이 된다.

토론회를 진행할 때는 패널들이 중심이 되도록 유도해야 한다. 누군가가 당신에게 질문하지 않는 이상 직접 대답하거나 연설해서는안 된다. 패널들은 청중의 관심을 끌기 위해 그곳에 모이고, 청중은패널들로부터 무언가를 배우고 답을 듣기 위해 모인다. 특히 질문자에게는 본인의 질문이 청중이 생각하는 것보다 훨씬 더 중요한 의미인 경우가 많다.

따라서 진행자는 질문자가 제대로 된 답변을 얻되 한 가지 질문을너무 오래 붙들고 있지 않도록 관리해야 한다. 또한 관심을 끌고 싶어 하거나 질의응답 시간을 독점하는 배려심이 없는 청중이 장황한견해를 밝히는 시간으로 활용하지 않도록 경계해야 한다. 이런 청중이 있다면 적절히 말을 끊고 그에게 토론회의 목적을 상기시켜야 한다. 토론회가 제대로 굴러가려면 적극적으로 목소리를 내는 한두 명의 외향적인 청중이 필요할 수도 있다. 하지만 중요한 질문거리가 있는 사람들이 목소리를 내고 이런 질문에 적절한 답이 이뤄져야 토론의 질이 높아진다.

토론회를 할 때는 편안하고 즐거운 분위기를 유지해야 한다. 가장 중요한 내용이 제대로 논의될 수 있도록 메모해둔 질문을 살펴보고 유머 감각을 잃지 말아야 한다.

토론회에는 예행연습이 없다. 이 덕분에 이따금 놀라운 결과가 나오기도 한다. 물론 토론회가 지나치게 따분할 때도 있다. 이는 사실 진행자가 미숙하거나 제대로 준비하지 못했다는 뜻이다. 만약 회의를 주최할 책임을 맡았다면 가능한 한 일찍 토론회 패널들과 진행자를 섭외해야 한다. 이때 그들에게 해당 토론회가 매우 중요하며 흥미롭고 유익해야 한다는 점을 분명하게 전달하자.

당신의 가장 위대한 자산

———— ✦ ————

- 훌륭한 진행자의 역할은 무엇인가?

- 주어진 주제 범위 내에서
흥미롭게 토론을 진행할 준비가 됐는가?

- 토론을 이끌어나가고
유머 감각을 잃지 않을 수 있는가?

CHAPTER 8

먼저 베풀면
결국 돌아온다

우리는 왜 존재할까?

우주가 우연이라면 우리의 존재도 우연이다. 하지만 우주에 의미가 있다

면 우리의 존재에도 의미가 있다.

"우리는 왜 존재할까?"라는 질문에 어떻게 답하겠는가? 그리고 자신에게 질문을 던져보자. "나는 왜 존재할까?" 이 질문에 대한 답을 아는가?

아인슈타인은 이런 질문에 대한 자신만의 답을 내놓았다. 그가 뭐라고 답했는지 알고 있는가? 이 내용은 잠시 후에 다시 다뤄보자.

이런 말이 있다. "우주가 우연이라면 우리의 존재도 우연이다. 하지만 우주에 의미가 있다면 우리의 존재에도 의미가 있다." 그 어떤 사람보다 우주를 지배하는 법칙에 대해 잘 알고 있었던 아인슈타인은 과연 어떤 답을 했을까? 아인슈타인은 사물이 존재하는 방식에 일종의 의미가 있다고 확신했다. 그는 "물리학을 공부하면 할수록 형이상학에 더 끌린다"라고 이야기했다. **형이상학**^{metaphysics}이라는 단어는 간단하게 말해서 '물리학 너머에 있는 것'을 뜻한다. 즉 측정할 수 없고 보이지 않는 것을 연구하는 학문이다.

가능하다면 로널드 W. 클라크^{Ronald W. Clark}가 쓴 《아인슈타인: 생애와 시대^{Einstein: The Life and Times}》를 읽어보기를 바란다. 아인슈타인은 마치 천문항법의 실수로 지구에 도착해 그런 실수가 다시는 반복되지 않도록 시간과 우주와 관련된 문제를 푸는 데 인생을 바친 것 같다는 생각이 들 정도로 놀라운 인물이었다.

아인슈타인은 특정한 종교나 종파를 믿지 않았다. 하지만 우주에 대한 신앙심이 매우 깊은 사람이었다. 아인슈타인은 클라크가 위대한 "우주의 사이클로트론^{cyclotron of the universe}"이라고 표현한 장엄하고 거대한 질서가 결코 우연이 아니라고 믿었다.

삶의 목적에 대해 고뇌하던 아인슈타인은 "나는 왜 존재할까?"라는 질문에 대한 답을 찾았다. 그는 "인간은 오직 다른 인간을 위해 존재한다^{Man is here for the sake of other men only}"라고 말했다. 원문에서 아인슈타인은 남자를 뜻하는 'man'이라는 단어를 사용했지만 이는 관용적인 표현 방식일 뿐 남자를 가리키는 것은 아니다.

아인슈타인은 우리가 오직 다른 사람을 위해 존재한다고 말했다. 당신의 대답도 아인슈타인과 비슷했는가? 오직 다른 사람을 섬기기 위해 당신이 존재하며 다른 사람을 섬김으로써 당신 역시 섬김을 받고 인생을 즐길 수 있다고 생각하는가?

우리는 오직 다른 사람을 섬기기 위해 존재한다. 다른 사람을 섬기는 만큼 인생의 즐거움을 느낄 수 있다. 이런 주장이 어리석고 고리타분하다고 여기는 사람도 많을 것이다. 하지만 정말이다. 물론 이런 진실을 깨닫기까지 오래 걸리기도 한다. 이를 깨닫지 못한 채 자신의 삶이 왜 잘못됐는지 궁금해하며 불만 속에 늙어가는 사람이 많다.

보상과 기여는
정비례 관계

"인생을 살아가면서 우리가 받는 보상은 항상 기여에 정비례한다."
이것이 모든 경제 원칙과 인간의 행복 구조를 지탱하는 법칙이다.

안타깝게도 많은 사람이 이 훌륭한 법칙을 모르거나 다른 사람에게만 적용된다고 생각한다. 대부분 속도 제한 표지판이 필요하다고 생각하면서도 자신에게는 필요하지 않다고 여긴다.

'기여와 보상은 정비례한다'는 법칙으로 돌아가보자. 우리가 알든 모르든, 따르든 따르지 않든 이 법칙은 항상 작용한다. 이 법칙은 마치 약방의 저울과 같다. 상단에 서로 교차하는 막대가 있고 양쪽 막대에는 그릇이 달린 사슬이 하나씩 매달려 있다. 정직하고 섬세한 메커니즘이다. 하나의 그릇에는 '보상', 다른 그릇에는 '기여'라는 이름을 붙여보자.

사람들은 대개 '보상'이라고 적힌 그릇에 집중한다. '보상' 그릇에는 좀 더 많은 돈, 더 나은 집, 자녀 교육, 여행, 은퇴 등 원하는 것이 담긴다. 사람들은 보상에 목말라하지만 '기여'라는 그릇을 생각하지 않기 때문에 보상은 실현되지 않는다. 잘못된 그릇에 집중하고 있는 셈이다. 난로 앞에 앉아서 "나를 따뜻하게 해주면 장작을 줄게"라고 말하는 것과 같다. 이런 생각으로는 난로를 앞에 두고도 얼어 죽을 수밖에 없다. 난로는 그런 식으로 작동하지 않는다. 인생과 경제 원칙 역시 마찬가지다.

'보상' 그릇은 잊어버려도 괜찮다. 우리가 해야 할 일은 '기여' 그릇에 집중하는 것뿐이다. 먼저 내놓으면 자동으로 보상이 뒤따른다. 하지만 대부분의 사람들은 반대로 생각하기에 불행해진다.

기여란 무엇이며 누구에게 기여해야 할까? 기여란 당신이 하는 모든 일에 투입하는 시간과 그에 기울이는 수준이라고 정의할 수 있다. 또한 이는 인류를 향한 기여를 말하며, 인류란 당신이 돕는 사람으로 정의할 수 있다. 간단한 방정식으로 정리해보면, 당신이 일하는 방식에 당신이 도와준 사람의 수를 곱한 것이 바로 당신이 얻게 될 보상이다.

자신에게 돌아온 보상에 만족하기 힘들다면 자신이 어떤 기여를 했는지 제대로, 오랫동안 살펴봐야 한다. 매정하고 잔인한 방식 같겠지만 어떤 시각으로 바라보는가에 따라 이런 법칙은 좋게 보이기도 하고 나쁘게 보이기도 한다.

존 F. 케네디John F. Kennedy 미국 대통령은 "조국이 당신을 위해서 무엇을 해줄 수 있는지 묻지 말고, 당신이 조국을 위해 무엇을 할 수 있는지 물으십시오"라고 이야기했다. 이 말을 변형해볼 수 있다. 인생에서 발목이 잡힌 듯한 기분이 들거나 원하는 만큼 얻지 못한 것 같다면 당신이 섬겨야 할 사람들과 대의에 어떤 기여를 할 수 있을지 질문해야 한다. 보상은 언제나 저절로 찾아온다.

1690년에 존 로크John Locke라는 똑똑한 사람이 인간의 이해에 관한 글을 썼다. 로크는 이 에세이에서 모두가 기억해야 할 말을 했다.

"우리의 모든 관념, 심지어 가장 깊숙이 박혀 있고 오래 잊히지 않는 관념도 끝없이 쇠퇴하는 듯하다. 반복적인 감각 훈련이나 처음에 그런 감각을 불러일으킨 사물에 대한 성찰을 통해 관념을 새롭게 쇄신하지 않으면 희미해져 결국 아무것도 남지 않게 된다."

로크는 개인적인 철학, 즉 우리가 성공적으로 살아가기 위해서 우리에게 매우 큰 의미가 있는 것들을 이따금 떠올릴 필요가 있다고 이야기했다. 개인적인 철학을 자꾸 상기하지 않으면 성공적인 삶의 토대와 진실을 잊어버리고, 이런 진실은 점차 희미해지다가 결국 완전히 사라진다. 인간의 삶은 앞마당에 비유할 수 있다. 앞마당을 보면 얼마나 많은 관심을 기울여 집을 가꾸는지 누구든 쉽게 알아차린다. 집주인이 관심과 정성을 기울이는 앞마당이 보기 흉할 리 없다. 마찬가지로 주인이 많은 관심과 정성을 쏟는데 보기 흉한 땅은 이 세상에 없다. 평균적이고 부주의한 태도라면 그것이 땅에 그대로 반영되고 지나가는 사람 누구도 다시 눈길을 주지 않을 것이다.

인생도 마찬가지다. 더도 덜도 아닌 우리가 쏟아부은 만큼 딱 돌려받게 된다. 돌아온 보상이 마음에 들지 않는다면 얼마나 남에게 도움을 주었는지, 즉 얼마나 기여했는지 생각해봐야 한다.

이런 황금률을 일깨우면 모두가 동의할 것이다. 하지만 이런 깨달음이 머릿속에 떠오르지 않을 때는 어떨까? 인생에서 원하는 것을 얻을 멋진 기회가 존재한다는 사실을 억지로 이해한 후에도 이 같은 깨달음이 점차 의식에서 옅어지는 것 아닐까?

모든 사람이 자신에게 이런 질문을 던지면 좋을 듯하다. "나는 사람들에게 무엇을 기여하고 있는가? 줄 수 있는 것을 모두 주고 있는가? 최선을 다하고 있는가? 생기 넘치고 유익한 방식으로 도움을 주고 있는가? 그렇지 않으면 평균 또는 평균 이하의 방식으로 일상을 보내고 있는가?"

만약 삶에서 얻는 결과에 매우 만족하고 있다면 많은 것을 베풀고 있는 셈이다. 그다지 만족스럽지 않다면 다시 생각해보아야만 한다.

동전처럼 인생의 모든 위대한 법칙에도 양면이 있다. 이런 법칙을 잘 따르면 이익과 보상이 뒤따르지만 반대로 움직이면 결국 대가를 치르게 된다.

당신의 가장 위대한 자산

•

살면서 어떤 보상을 얻고 있는지 생각해보라.
가능한 한 많은 것을 베풀고 있는가?

•

가장 마지막으로 정체되고 있다고 느낀 것은 언제인가?
그 이유를 아는가?
더는 기여하지 않고 있는 것은 아닌가?

풍요로워지고 싶다면
먼저 베풀라

다음의 생각들을 내 것으로 만들면 평생 성공을 보장할 것이다. 꽤 거창한 말이지만 사실이다.

먼저 성장과 확장은 인간과 자연의 일부라는 사실을 이해해야 한다. 좀 더 많은 것을 갈망하는 것은 인간의 본성이다. 전혀 잘못된 것이 아니라 지극히 자연스럽고 당연한 일이다. 가족, 친구, 동료, 고객 등 모두가 마찬가지다. 삶의 모든 영역에서 풍요를 원할 것이다. 그렇다면 여기서 말하는 '풍요'란 무엇일까?

풍요로워진다는 것은 원하는 것을 얻는다는 뜻이다. 더 큰 사랑이나 좀 더 커다란 마음의 평화를 얻는 것일 수도 있고 꿈꾸던 집에 사는 것일 수도 있고 마음먹은 일을 성취하는 것일 수도 있다. 풍요로워진다는 것이 곧 좀 더 많은 소득이나 자본을 뜻한다고 생각하는 사람도 있을 것이다. 어떤 것이든 좋다. 다른 사람에게 상처를 주거나 경쟁 자체를 전혀 하지 않고도 풍요를 얻을 수 있다. 사실 그렇게 되면 당신이 아는 모든 사람의 전반적인 행복이 증진된다.

안타깝게도 다른 사람을 짓밟아야만 앞서 나갈 수 있다고 믿는 사람들이 있다. 실제로는 다른 사람을 돕지 않고는 그 누구도 풍요로워질 수 없다. 세상을 좀 더 풍요롭게 만드는 사람은 누구나 자신도 곧 풍요를 누리게 된다.

첫 번째 단계는 무언가를 원하는 마음이 옳다는 것을 완전히 이해하는 것이다. 인간의 모든 행동은 좀 더 많은 것을 향한 갈망을 기반으로 한다. 예를 들면, 사람들은 좀 더 많은 음식, 많은 옷, 많은 지식, 많은 기쁨, 좀 더 활력 있는 삶을 원한다.

두 번째 단계는 다른 사람과 경쟁하거나 빼앗을 필요가 없다는 사실을 이해하는 것이다. 경쟁하지 않고 창조해내면 된다! 이런 태도로 접근하면 남들과 싸우거나 빼앗지 않고도 좀 더 큰 행복을 누릴 수 있다.

받는 것보다 더 많은 것을 주어야 한다. 이런 말이 터무니없게 들릴 수도 있으니 좀 더 자세히 살펴보자. 비즈니스를 확장하거나 개인의 성장을 바란다면 상대로부터 받는 비용을 능가하는 '사용 가치'를 제공해야 한다. 물론 확장은 인간의 자연스러운 갈망이라는 사실도 잊지 말아야 한다. 못은 비싸지 않다. 하지만 못의 사용 가치는 매우 크고 오랫동안 지속된다. 이 책 역시 고가는 아니다. 하지만 이 책을 통해 당신의 삶이 지금보다 나아진다면 책값보다 훨씬 큰 사용 가치가 있다고 볼 수 있다.

가까운 사람에게 사랑과 존중, 배려를 베푸는 데 얼마의 비용이 들까? 별다른 비용이 들지 않는다. 그저 약간의 노력을 더하면 된다. 하지만 사랑과 존중, 배려는 받는 사람에게는 그 무엇과도 바꿀 수 없는 값진 선물이다. 이것이 핵심이다. 받는 것보다 많이 베풀어야 한다. 이런 태도는 조만간 어떤 식으로건 자신에게 되돌아올 커다란 공을 쌓는 것과 같다. 받는 것보다 많이 집어넣어야 하고, 그렇게 함으로써 미래의 번영을 위한 커다란 변화를 만들어낸다. 이것이 바로 확장의 법칙이다. 사업가, 예술가, 전문가, 노동자, 부모, 친구로서 성공한 모든 사람은 이런 법칙을 이해하고 충실히 따른다. 이것이 모든 성공한 사람, 기업, 조직의 가장 두드러지는 특징이다.

이제 경쟁이 아니라 창조가 중요하다는 개념을 살펴보자. 모든 성장의 출발점은 회사나 배우자, 부모, 친구가 아니라 바로 당신이다. 당신이 바로 당신을 둘러싼 우주의 창조적인 중심이다. 당신의 개성을 반영하며 고유의 재능과 능력을 활용할 만한 일을 찾아라. 그렇게 하면 그 누구도 당신과 똑같아질 수 없다. 당신은 누구와도 경쟁하지 않고 내면에서 원하는 모습을 창조해낼 것이다.

당신이 받는 것보다 좀 더 큰 사용 가치를 제공할 더 새롭고 나은 방법을 찾으면 지금보다 많은 사람이 당신을 찾고 친구가 늘어날 것이다. 사업을 하고 있다면 지속적으로 성장할 것이다. 단 다른 사람들을 위해 얼마나 많은 일을 하고 있는지 요란하게 떠들 필요는 없다.

실제로 당신이 남을 위해 노력하면 다른 사람들이 이내 알아채고 당신에게 끌릴 것이다.

성장의 가장 흥미로운 점 중 하나는 전혀 예상치 못한 멋진 일이 벌어진다는 것이다. 당신이 미처 알지 못했던, 하지만 당신이 필요로 하는 걸 가진 사람이 적재적소에서 나타날 것이다. 모든 것이 딱 들어맞기 시작하고 당신의 삶에 새로운 의미와 방향성이 생기고 훨씬 커다란 보상이 돌아올 것이다. 당신이 하는 모든 일에 성장과 확장의 흔적이 나타나도록 하자.

성장과 확장을 위해 노력할 때는 항상 비전을 중요시해야 한다. 걱정하거나 초조해할 필요는 없다. 목표를 달성할 수 있다고 믿으면 된다. 이런 규칙을 따르면 실패할 리 없다.

감사함을
잊지 않는 것의 중요성

감사하는 태도는 그 어떤 것보다 매력적인 인상을 남긴다. 이는 사람이나 개, 고양이 등 이 세상 모든 존재를 끌어당긴다. 그뿐 아니라, '행운'이라 고 잘못 알려진 조건도 끌어당긴다.

누군가가 전화를 걸어오면 머릿속에 그 사람에 대한 이미지가 순식 간에 떠오른다. 그의 얼굴과 겉모습뿐 아니라 성격과 느낌도 머릿속 에 그려진다. 그 느낌은 좋을 수도 있고 나쁠 수도 있다. 다시 말해서, 전화를 건 사람이 좋은 쪽으로건 나쁜 쪽으로건 영향을 미치는 것이 다. 중립적인 느낌이 드는 경우는 드물다. 상대의 이미지는 좋거나 나 쁘다.

한 걸음 더 나아가면, 당신이 알고 지내는 사람들의 마음속에는 당신에 대한 이미지가 있다. 상대가 생각하는 당신의 이미지 역시 좋거나 나쁘다.

당신은 자녀, 배우자, 당신을 위해 일하는 사람, 동료, 상사 등 모든 사람에게 매일 이런 이미지를 투사한다. 그렇다면 당신은 어떤 이미지를 남기고 있을까?

거리에서 스치는 행인의 눈에 당신은 어떻게 보일까? 행복해 보일까? 불행해 보일까? 지루해 보일까? 무관심해 보일까? 걱정 가득한 사람처럼 보일까? 성공한 사람처럼 보일까? 실패한 사람처럼 보일까?

당신의 이미지, 당신이 하루 동안 접촉하는 모든 사람과 소통하는 방식은 당신의 전체적인 성격이 반영된 것이다. 다시 말해서, 당신이 내면에서 느끼는 감정이 겉으로 드러나는 이미지에 반영된다.

최고의 이미지를 투사하는 사람은 감사할 줄 아는 사람이다. 가진 것과 자신의 존재에 대해 감사할 줄 아는 마음은 주변으로 새어나온다. 이런 사람들은 가지지 못한 것을 걱정하지 않고 가진 것에 감사한다. 이들은 배우자나 자녀의 단점에 집중하지 않고 존재만으로도 감사함을 느낀다. 이들은 문제가 있으면 해결하려고 생각하며 해결할 능력과 지혜가 자신에게 있다는 데 감사해한다. 강인한 사람들이다.

감사하는 태도는 그 어떤 것보다 매력적인 인상을 남긴다. 이는 사람이나 개, 고양이 등 이 세상 모든 존재를 끌어당긴다. 그뿐 아니라, '행운'이라고 잘못 알려진 조건도 끌어당긴다.

이런 사람들은 쉽게 알아볼 수 있다. 눈빛은 차분하고 평온하며 마치 숨을 쉬듯 자연스럽게 미소를 짓는다. 이들은 불평하지 않고 그저 해야 일을 끝마친 다음 다른 할 일을 찾아 나선다. 마치 추운 아침에 난로가 온기를 발산하듯 이들은 훌륭한 능력과 좋은 기운을 발산한다. 이들은 멋진 그림을 투영하고 세상은 그 그림을 다시 그들에게 투영한다.

깨어 있는 매 순간, 당신은 자신과 당신의 성격에 대한 이미지를 투사한다. 당신에게 되돌아오는 것을 보면 당신이 세상에 어떻게 비치는지 알 수 있다.

개인 차원의 가치 창조

오늘날 몇 안 되는 장인들에게서 관찰되는 진정으로 위대한 특징 중 하나는, 일에서 의미를 찾는다는 것이다. 다시 말해서 자신이 가치 있는 일을 하고 있다는 자부심이 그들의 존재 구석구석을 파고든다. 뜨개질이나 자수를 하는 사람, 화가, 작가, 가구 제작자, 훌륭한 요리사, 가치 있는 무언가를 만들어내는 노동자들이 이런 감정을 느낀다. 개인적으로는 이런 감정이 스스로 가치를 만들어내는 데서 비롯된다고 생각한다.

무슨 뜻인지 이해되는가? 만약 이해한다면 이런 감정이 개개인의 정서에서 많은 부분을 차지하며 행복하고 건강하게 살아가는 데 매우 중요한 역할을 한다는 사실을 잘 알 것이다. 멈포드는 "에너지와 음식, 온갖 재료, 제품이 넘쳐나지만 일상생활의 질은 그만큼 개선되지 않았다"라고 했다.

멈포드는 "현대 문명 속에서 충분히 영향을 섭취하며 안락하게 살아가는 많은 사람이 정서적인 무관심과 정신적인 무기력함, 무미건조한 수동성, 부러움과 갈망으로 점철된 삶, 현대 문화의 진정한 잠재력을 저버리는 삶을 살아간다"고 이야기했다. 멈포드는 이미 모든 것이 넘쳐나는데 과도하게 많은 것을 생산해 품질과 아름다움이 파괴되고 매달, 매년, 너무 많아서 더는 감사한 마음이 들지 않을 때까지 만들어내도록 강요하는 것이 문제라고 지적했다.

멈포드는 자기 일의 의미, 즉 가치의 의미를 잘 이해하기 때문에 어떤 일이든 현명하게 잘 해내고, 자신의 일뿐 아니라 인생까지 잘 이끌어나가는 균형감과 자기 수양에 관심이 많았다. 생각이 있는 사람이라면 누구나 멈포드의 의견에 동의할 것이다.

무언가를 잘 해내는 것은 의미 있는 일이다. 흔히들 이야기하지만 '좋은 직업'과 '나쁜 직업'은 없다. 무슨 일이건 제대로 해내기만 하면 위대해질 수 있다. 그뿐 아니라 일에서 의미를 찾고 만족감을 얻을 수 있으며 일하는 법을 배울 수도 있다. 웨이트리스, 휴게소 직원, 정비공, 영업사원, 목수, 배관공, 그 외의 다른 기능공, 변호사, 의사 등 자기 일을 유달리 잘하는 사람은 매우 경이롭다. 자기 일을 잘 해내는 사람은 그 존재감이 분명해 알아차릴 수밖에 없다. 이들은 따분하고 단조롭고 황량한 사막에 생기를 불어넣는 청량한 오아시스처럼 눈에 띈다. 이런 사람들은 항상 다른 사람들보다 좀 더 행복하고, 쾌

활하며, 훨씬 긍정적이다. 또한 자신이 하는 일을 진정으로 즐기며 일에서 재미와 기쁨을 찾는다. 그뿐 아니라 이들은 현재 하는 일과 할 수 있는 일을 잘 해냄으로써 의미를 찾을 수 있다는 사실을 이해한다. 남들보다 좀 더 노력하면 평범할 수도 있었던 일이 특별해진다. 이들은 일을 통해 찾아낸 의미가 그들의 삶에도 의미를 불어넣는다는 사실을 안다. 바로 이런 이유로 이들은 남들보다 더욱 행복해진다. 당신 주위에도 이런 사람이 있다. 어쩌면 당신이 그런 사람일지도 모른다. 만약 그렇다면 축하한다! 당신은 매우 특별한 사람이다.

당신의 가장 위대한 자산

---　✦　---

당신은 지금 하는 일에서 의미를 찾는가?

일하는 동안 행복한가?

당신이 하는 일에 대한 당신의 감정이
어떻게 드러나고 있는가?

변화해야 할 때인가?

탁월함이라는 기술

제임스 브라이언트 코넌트 James Bryant Conant 는 하버드대학교 총장 시절 "모든 존경할 만한 직업에는 성과의 탁월함을 기준으로 하는 엘리트 계층, 즉 귀족 계층이 있다"고 이야기했다. 아름답지 않은가? 누구든 이 말에 동의할 것이다.

아리스토텔레스는 이렇게 설명했다. "탁월함은 훈련과 습관으로 얻을 수 있는 기술이다. 우리에게 미덕과 탁월함이 있어서 올바르게 행동하는 것이 아니라 바르게 행동하기 때문에 미덕과 탁월함을 얻게 되는 것이다. 반복적인 행동이 곧 우리 자신이다. 따라서 탁월함은 행동이 아니라 습관이다."

하는 일의 탁월함을(혹은 탁월함의 부족을) 평가하면 올바른 직업을 택했는지 알 수 있다. 탁월함에 도달하기 위해 노력하는 것을 1순위로 놓았다면 자신에게 가장 잘 맞는 일 혹은 적어도 자격이 있는 분야에서 일하고 있을 가능성이 크다.

사업가의 문제점 중 하나는 몇 개의 아이디어를 개발하고 이를 통해 수익을 올리고 나면 너무 오랫동안 변화를 추구하지 않고 그것을 붙들고 있는 것이다. 이런 방법이 통할 때도 있다. 하지만 대부분의 경우는 그렇지 않다. 매년 정기적으로 업데이트가 필요하다. 수시로 이렇게 자문할 필요가 있다. "어떻게 하면 좀 더 낫고 효율적으로 발전시킬 수 있을까? 어떻게 하면 현재의 최고 수준까지, 심지어 미래에도 최고가 되는 단계까지 끌어올릴 수 있을까?"

사람들은 마치 자신이 떠올린 아이디어가 유일한 것까지는 아니더라도 최고인 것처럼 그것만 고집한다. 인간이 무언가를 만들거나 개발할 때 미래도 생각할까? 서부로 이주한 모르몬교도들이 건설한 도시의 중심가를 보면 선견지명이 어떤 것인지 알 수 있다. 처음 서부로 이주할 당시 모르몬교도들은 말을 타고 마차를 끌었다. 하지만 그들은 오늘날의 엄청난 교통량을 문제없이 감당할 수 있는 폭넓고 아름다운 도로를 건설했다.

우리는 과거의 성공, 시스템, 방법에서 지나치게 오랫동안 벗어나지 못하는 경향이 있다. 오늘날 아무런 문제 없이 작동하더라도 미래에도 그럴지 생각해봐야 한다. 세상은 역사상 유례없는 속도로 변하고 있다. 여전히 과거에서 벗어나지 못하는 기업이 너무도 많은 만큼 사실상 어디에나 커다란 기회가 있다.

지난 20년 동안 어떤 변화도 만들어내지 못한 기업이 얼마나 많은가? 물론 기존 방식을 고수하는 전략이 통하기도 한다. 예를 들어, 오랜 전통과 엄격한 품질 고수 전략 덕에 어느 때보다 탁월한 성과를 자랑하는 오래된 고급 레스토랑도 있다. 하지만 지역 사회에서 활동하는 사업가들은 고객과 지역 사회에 감사하는 마음으로 탁월함을 잃지 않기 위해 노력하고 변화하는 시대와 취향에 맞춰 수익의 일부를 다시 사업에 투자해야 한다.

코넌트의 말처럼 "모든 존경할 만한 직업에는 성과의 탁월함을 기준으로 하는 엘리트 계층, 즉 귀족 계층이 있다." 인간의 노력이 필요한 모든 분야에 이 원칙이 적용된다.

우리가 하는 모든 일에서 탁월함의 습관을 기를 수 있다. 탁월함을 기준으로 생각해야 한다. 구매하고, 생산하고, 활동하는 모든 것에서 탁월함을 요구해야 한다.

새로운 것을 하지 말고
좀 더 나은 것을 하라

성과를 내고 성공하기 위해서 새로운 것을 만들어낼 필요는 없다. 좀 더 잘 해낼 방법을 찾으면 된다.

한 친구가 《이름의 마법The Magic of a Name》이라는 절판된 책 한 권을 줬다. 해럴드 노콜즈Harold Nockolds가 1938년에 발표한 롤스로이스 자동차의 기원에 관한 책이었다. 흥미로웠다. 하지만 이야기의 바탕이 되는 핵심 내용은 롤스로이스 자동차의 창시자인 헨리 로이스Henry Royce가 지칠 줄 모르는 완벽주의자였다는 것이다. 로이스가 자동차를 처음 발명한 사람은 아니었다. 그저 당시 자동차에 만족하지 못했을 뿐이다. 로이스는 출시된 자동차가 너무 시끄럽고 무거운 데다 비효율적이라고 생각했다.

그래서 1904년 4월 1일 영국 맨체스터에서 그전까지 등장했던 자동차와는 전혀 다른 자동차가 탄생했다. 노콜즈는 이렇게 설명했다. "배기관에서 나는 가벼운 딱딱 소리를 제외하면 그 어떤 소음도 나지 않았다. 엔진이 달그락거리는 소리도 없었고, 기어와 뒤축이 삐걱거리는 소리도 들리지 않았다. 자동차의 소음이 아주 정확하게도 '찻쟁반이 쏟아져 내리는 소리'에 비교됐던 당시로서는 롤스로이스의 상대적인 고요함이 정말로 놀랍기 짝이 없는 것이었다."

"이 놀랄 만한 기계의 운전석에는 마흔 정도 된, 턱수염 난 사람이 앉아 있었다. 사람을 꿰뚫어 보는 듯한 그의 두 눈에서는 승리를 기뻐하는 집념 어린 빛이 번뜩였다." 그가 바로 나중에 헨리 경^{Sir Henry}이라고 불린 완벽주의자 로이스였다.

롤스로이스라는 이름은 이제 탁월함이나 우수성과 동의어가 됐다. 1940년 런던 상공에서 벌어진 브리튼전투에서 롤스로이스 엔진이 장착된 영국 전투기 스핏파이어는 제2차 세계대전을 연합군의 승리로 이끄는 데 매우 중요한 역할을 했다. 실제로 롤스로이스 항공기 엔진 공장에는 "브리튼전투에서 우리 손으로 만들어낸 엔진을 조국을 구하는 데 사용한" 영국 공군 조종사들을 기리는 글귀가 적힌 아름다운 스테인드글라스 창이 있다.

여기서 요점은 뛰어난 성과를 내고 성공하기 위해서 새로운 것을 만들어낼 필요는 없다는 것이다. 그저 좀 더 잘 해낼 방법을 찾으면 된다. 곰곰이 생각해보면 좀 더 잘 해낼 방법을 찾는 것이 사실상 모든 성공 일화의 핵심이다. 힐튼호텔, 홀리데이인, KFC, 맥도널드 햄버거 등 기존의 제품을 개선해 성공한 사례는 셀 수 없이 많다. 성공하고 싶다면 그저 좀 더 잘하면 된다.

로이스는 우수한 자동차를 만들어내는 데 몰두한 나머지 며칠씩 식사도 거르고 주조 공장 벤치에서 쪽잠을 자기도 했다. 로이스가 영양실조에 걸리지 않도록 우유와 빵을 들고 그를 쫓아다닐 전담 직원이 채용되기도 했다.

"됐어. 이만하면 괜찮아!"라는 기계공의 말을 듣고 로이스가 펄펄 뛰었던 적도 있다. 로이스는 이만하면 괜찮은 제품을 절대로 용납하지 않았고 로이스의 이름과 영업 및 유통을 담당했던 그의 동업자 C.S. 롤스^{C.S. Rolls}의 이름은 품질의 상징과도 같았다.

광고에서부터 백일초 재배에 이르기까지 모든 분야가 마찬가지다. 로이스처럼 쉴 새 없이 연구하고 모든 노력을 쏟아부으면 언젠가 당신의 이름도 앞서 언급한 많은 이름처럼 우뚝 서게 될 것이다.

전 세계에서 가장 유명한 바이올린 장인이 만든 스트라디바리우스 바이올린을 판매했던 캐나다 농부에 관한 이야기를 아는가? 지금은 스트라디바리우스 바이올린의 가격이 훨씬 더 비싸다. 농부는 오래전에 뉴욕시의 악기상에게 샀던 값 그대로 그 소중한 바이올린을 팔며 이렇게 말했다. "저는 점점 노쇠해지고 있고 제게는 바이올린을 물려줄 자녀가 없습니다." 농부는 자신이 거래했던 악기상에게 되팔면 자신처럼 바이올린을 귀하게 아껴줄 새 주인이 나타나리라는 사실을 잘 알고 있었다.

이탈리아의 바이올린 장인 안토니오 스트라디바리^{Antonio Stradivari}는 1644년에 태어나 아흔셋이던 1737년에 세상을 떠났다. 당시 평균 수명이 약 30세 정도였던 것을 감안하면 놀라울 정도로 장수한 셈이다. 스트라디바리는 오직 바이올린을 만드는 데 매진했고 그가 만든 바이올린은 강인하고 서정적인 소리를 내 지금까지도 많은 사랑을 받고 있다. 노년에는 아들들의 도움을 받긴 했지만 스트라디바리는 혼자 작업했다. 스트라디바리는 자기 자신과 자신의 천재성을 바이올린 제작에 쏟아부었고 뛰어난 바이올린 연주자의 손에서 스트라디바리우스 바이올린이 만들어내는 맑은 소리는 모든 청중에게 기쁨을 안겼다.

스트라디바리는 자신이 정한 기준에 부합하면 바이올린에 서명을 남겼다. 그가 세상을 떠난 지 수백 년이 지났지만 그의 이름은 아직 전 세계에 널리 알려져 있다. 역사를 돌아보면 많은 분야에서 스트라디바리처럼 탁월함의 기준을 따랐던 수많은 전문가가 존재한다. 예를 들면, 윌리엄 셰익스피어^{William Shakespeare}, 레오나르도 다빈치 같은 예술가, 가구 제작자 토마스 치펜데일^{Thomas Chippendale}, 은세공업자 폴 리비어^{Paul Revere} 같은 장인 등이 있다. 이들이 한 모든 일은 유난할 정도로 훌륭했다. 압박감 때문이 아니라 당대의 사람들이 범접할 수 없을 정도로 뛰어난 탁월함을 고집한 결과일 뿐이다.

어떤 분야건 마찬가지다. 조잡하거나 평범한 작품과는 거리가 먼 훌륭한 작품을 내놓고 기꺼이 서명할 장인이 많다.

탁월함을 존경하는 마음은 결코 변하지 않는다. 이 마음에는 여전히 가장 높은 가치가 부과되며, 어떤 분야에서건 탁월함은 사람들의 숭배를 받는다. 탁월한 일을 해내는 사람은 두 가지 소중한 자산을 얻는다. 첫째, 이들은 평생 지속되는 일종의 직업 안정성을 얻게 된다. 수입은 걱정할 필요가 없다. 최고를 위한 시장은 항상 존재한다. 둘째, 이들은 일에서 만족감과 기쁨을 얻는다. 흔치 않을 정도로 훌륭한 제품이나 서비스를 만들어내는 비범한 사람으로서 깊이 만족하게 된다.

당신의 작품에 이름을 새기고 싶은가? 대부분은 이를 바랄 것이다. 우리가 만들어낸 작품은 결국 우리의 참모습을 보여주는 일종의 거울이다.

얼 나이팅게일

Earl Nightingale

대공황 시대에 유년기를 보낸 기업인 나이팅게일은 항상 지식을 갈구했다. 그는 어릴 때부터 "그 어떤 특권도 타고나지 못한 사람이 어떻게 맨손으로 시작해 목표에 도달하고 다른 사람에게 중요한 기여를 할 수 있을까?"라는 질문에 대한 답을 찾기 위해 뉴욕의 롱비치공립도서관을 자주 찾았다. 질문에 대한 답을 찾고자 하는 열망과 우리가 사는 이 세상에 대한 타고난 호기심에 사로잡힌 나이팅게일은 성공 비법을 파헤치는 세계 최고의 전문가 반열에 올라섰다.

사회에 첫발을 내디딘 나이팅게일은 먼저 해병대에 입대해 지역 라디오 방송국 아나운서로 자원했다. 아나운서가 된 그는 호기심 충만한 유년기에 알아낸 아이디어를 청취자들과 공유했다. 1941년, 해병대의 일원으로 첫 항해를 하게 되었다. 나이팅게일이 탄 배가 하와이에 도착했을 무렵, 일본이 진주만을 공격했다. 나이팅게일은 일본의 진주만 공격 당시 침몰한 미국 전함 애리조나호의 몇 안 되는 생존자 중 한 사람이다. 해병으로 5년을 더 복무한 나이팅게일은 아내와 함께 피닉스로 이주한 후 다시 시카고로 옮겨가 라디오 부문에서 매우 뛰어난 경력을 쌓았다. WGN 방송에서 일일 해설 프로그램 진행자로 일했던 그는 광고 판매에 대한 수수료를 받을 수 있는 계약을 체결했다. 1957년, 커다란 성공을 거둔 나이팅게일은 서른다섯 나이에 은퇴하기로 마음먹었다.

나이팅게일은 보험회사를 인수해 영업 담당자들이 좀 더 이윤을 낼 수 있도록 동기 부여하는 데 많은 노력을 쏟기도 했다. 나이팅게일에게 한 영업 책임자가 영감을 불어넣는 메시지를 녹음해달라고 간청했다. 그 결과물이 100만 장이 넘는 판매 실적으로 황금 레코드Gold Record(뛰어난 판매량을 기록한 레코드를 발표한 가수 등에게 수여하는 상-옮긴이)를 수상한 세계 최초의 녹음 메시지 '세상에서 가장 이상한 비밀'이다. 이 무렵, 나이팅게일은 코넌트라는 성공한 사업가와 손잡고 차후에 수백만 달러 규모에 달하는 자기계발 분야의 거대 기업으로 성장한 전자 출판 회사를 설립했다. 두 사람은 매일 5분씩 진행되는 라디오 프로그램 〈우리의 변화하는 세상Our Changing World〉을 기획했고, 이 프로그램은 라디오 역사상 가장 오랫동안 제일 널리 배급된 프로그램이 됐다. 나이팅게일-코넌트 코퍼레이션은 톰 피터스Tom Peters, 하비 맥케이Harvey Mackay, 나폴레온 힐, 레오 버스카글리아Leo Buscaglia, 데니스 웨이틀리Denis Waitley, 로저 도슨Roger Dawson, 웨인 다이어Wayne Dyer, 브라이언 트레이시Brian Tracy, 토니 로빈스Tony Robbins 등 자기 계발 분야 및 전문성 계발 분야를 선도하는 수없이 많은 유명한 작가의 작품이 담긴 오디오 프로그램을 내놓았다.

나이팅게일이 1989년 3월 28일에 세상을 떠나자 미국의 라디오 방송인

폴 하비Paul Harvey가 자신이 진행하는 라디오 프로그램에서 "참으로 듣기 좋았던 나이팅게일의 목소리가 고요해졌다"라는 말로 그의 사망 소식을 미국 전역에 알렸다. 그는 살아생전에 어린 시절의 자신에게 영감을 불어넣었던 질문에 대한 답을 발견했다. 가치 있는 목표에 도달했을 뿐 아니라 다른 사람에게도 도움이 되는 영원히 빛나는 유산을 남겼다. 나이팅게일은 '성공의 정수'가 무엇인지 자기 삶으로 정의했다. 나이팅게일의 좋은 친구이자 아나운서였던 스티브 킹Steve King은 이렇게 이야기했다. "나이팅게일은 새로운 무언가를 배우지 않고 배운 것을 다른 사람에게 알려주지 않은 채 허투루 흘려보낸 날이 단 하루도 없었다. 이것이 바로 나이팅게일을 사로잡은 강렬한 열정이었다."

옮긴이 김현정

한양대학교 경영학과를 졸업하고 삼성경제연구소에서 경제경영 전문 번역가로 일했으며 현재 바른번역에서 전문 번역가로 활동하고 있다. 《경제학 오디세이》, 《이 모든 것은 자산에서 시작되었다》, 《돈 비 이블, 사악해진 빅테크 그 이후》, 《오토노미 제2의 이동 혁명》, 《인공지능 마케팅》, 《경제는 어떻게 조작되는가》 외 많은 책을 우리말로 옮겼다.

얼 나이팅게일 위대한 성공의 시작

초판 발행 · 2024년 2월 28일

지은이 · 얼 나이팅게일
옮긴이 · 김현정
발행인 · 이종원
발행처 · (주)도서출판 길벗
브랜드 · 더퀘스트
주소 · 서울시 마포구 월드컵로 10길 56(서교동)
대표전화 · 02)332 – 0931 | **팩스** · 02)322 – 0586
홈페이지 · www.gilbut.co.kr | **이메일** · gilbut@gilbut.co.kr
기획 및 책임편집 · 이재인(jlee@gilbut.co.kr)
마케팅 · 정경원, 김진영, 김선영, 최명주, 이지현, 류효정 | **유통혁신** · 한준희
제작 · 이준호, 손일순, 이진혁, 김우식 | **영업관리** · 김명자, 심선숙, 정경화 | **독자지원** · 윤정아
교정교열 · 이지은 | **디자인** · 김희림
CTP 출력 및 인쇄 · 상지사피앤비 | **제본** · 상지사피앤비

- 더퀘스트는 길벗출판사의 인문교양 · 비즈니스 단행본 브랜드입니다.
- 이 책은 저작권법에 따라 보호받는 저작물이므로 무단전재와 무단복제를 금합니다. 이 책의 전부 또는 일부를 이용하려면 반드시 사전에 저작권자와 ㈜도서출판 길벗의 서면 동의를 받아야 합니다.
- 잘못 만든 책은 구입한 서점에서 바꿔 드립니다.

ISBN 979-11-407-0822-2 04190
　　　979-11-407-0778-2 (세트)
(길벗 도서번호 070524)

정가 19,800원

독자의 1초를 아껴주는 정성 길벗출판사

(주)도서출판 길벗 | IT교육서, IT단행본, 경제경영, 교양, 성인어학, 자녀교육, 취미실용 www.gilbut.co.kr
길벗스쿨 | 국어학습, 수학학습, 어린이교양, 주니어 어학학습, 학습단행본 www.gilbutschool.co.kr